反常识经济学 /2

为什么不向美丽征税

Fair Play

What Your Child Can Teach You about Economics, Values, and the Meaning of Life

Steven Landsburg

［美］史蒂夫·兰兹伯格 著

王楠岽 徐化 译

中信出版集团 · 北京

图书在版编目（CIP）数据

反常识经济学.2：为什么不向美丽征税 /（美）史蒂夫·兰兹伯格著；王楠岽，徐化译.--北京：中信出版社，2018.6

书名原文：Fair Play: What Your Child Can Teach You about Economics, Values and the Meaning of Life

ISBN 978-7-5086-7917-4

I.①反… II.①史… ②王… ③徐… III.①经济学－通俗读物 IV.①F0-49

中国版本图书馆CIP数据核字（2017）第180646号

反常识经济学2——为什么不向美丽征税

著　　者：[美]史蒂夫·兰兹伯格
译　　者：王楠岽　徐　化
出版发行：中信出版集团股份有限公司
（北京市朝阳区惠新东街甲4号富盛大厦2座　邮编　100029）
承 印 者：北京诚信伟业印刷有限公司

开　　本：880mm×1230mm　1/32　　印　　张：10　　字　　数：152千字
版　　次：2018年6月第1版　　印　　次：2018年6月第1次印刷
京权图字：01–2018–0902　　广告经营许可证：京朝工商广字第8087号
书　　号：ISBN 978-7-5086-7917-4
定　　价：58.00元

FAIR PLAY

目 录

FAIR PLAY

第 1 章

作为父母的经济学家和作为经济学家的父母

如果你为人父母，那么同时，你就能成为经济学教师。

饥饿和疲惫使我易怒、爱发脾气，食物和睡眠让我精神焕发。很奇怪，当我步入成年时，却并没有完全弄明白这些道理。我对它们的认知，就像我知道亚伦·伯尔是美国第三任副总统那样，是通过某种死记硬背的方法知道的，而不是像我知道不要走进川流不息的车流那样，是一种下意识的举动。它们并没有成为我的一种本能。

明智的言行是随着为人父母而得来的。你不可能身边带着一个蹒跚学步的孩子，却不知道一顿饭或者一阵小睡能缓解你自己的压力。通过观察我的孩子的一些反应，我发现在他们身上有我自己的影子。这也有助于我更好地照顾我的孩子和我自己。

父母=经济学教师

我的女儿凯莱，现在9岁了，她是我的掌上明珠。从婴儿时期开始，她就努力使我的注意力集中在一些特定的实用经济学原理上，而这一切都是从物质享受的重要性上开始的。从那时起，凯莱和我就开始互相教授经济学了。

我也以另一种身份教授经济学，那就是在一所大学当教授。教授和父母有许多共同点。一个好的教授，就像一个好的父母，一直在教育，在学习。最棒的情况就是，当学生超过自己时，他会感到喜悦。

如果你为人父母，那么同时，你就能成为经济学教师。经济学就是关于如何面对艰难的抉择的问题：挣钱与享受悠闲的关系问题，今天的挥霍与为明天储蓄的关系问题，发展新技术与开发已有技术潜力的关系问题，寻找更好的工作（或者更佳的配偶）与将就现在所拥有的关系问题。我要我的学生努力思考这些选择，我希望我的女儿也去努力思考这些选择。

经济学中非常重要的一课就是：解决这些选择的问题，并不是只有唯一的最佳方案，任何事情都取决于周围的环境；对于你来说是正确的事情，对你的邻居来说，可能是错误的。经济学是关于宽容的科学。好的经济学教授会教育他的学生，其他人可以过一种和你完全不同的生活，但是他们既不蠢，也不坏。而好的父母也会教他们的孩子同样的东西。

经济学不但培养人们的宽容，它还培养人们的同情心。经济学家的方法就是去仔细观察人们的行为，更好地了解人们的目的和困难。这种了解是所有同情心的基础。

我为新入校的大学生开设了一门高级经济学研讨课。在第一堂课上，我问了他们一个问题：为什么现在的人在逛百货商店时所用的手推车，比他们的父母在 30 年前使用的要大得多？他们给了我一些很不错的答案：现在的职业妇女不可能像她们的母亲那时一样，每星期上街购物；她们（或者她们的丈夫）出去采购的次数会很少，因此必须一次采购更多的东西。还有一些答案是：现在的职业妇女没法像她们的母亲过去那样，能给全家做晚饭，因此，现在主妇们就会一次买足够的食物回家，以便老人和孩子们可以自己照顾自己的吃饭问题；现在的家庭普遍更富裕了，每顿饭的食品种类比以前更加丰富了；现在的顾客比以前更有钱了，她们愿意为良好的购物环境付高价，如宽大的购物通道，以及宽大的手推车等；现在的居住面积比以前更大了，有了更多的储物空间；现在随处可见的自动柜员机意味着主妇们再不必担心她们不得不带大量的现金了，而在从前，不敢带大量的现金也是束缚她们购买力的因素之一。

如果条件允许，学生们会就彼此的答案展开辩论，而且都是非常富有洞察力的辩论。一个学生说，现在顾客购买商品数量的增长，是因为广告技巧获得了很大进步。另一个学生就会反对说，如果顾客收入已定，那么他购买某种商品数量的增长，必定会导致购买另一种商品数量的减少。

这个练习的目的不是去了解购物手推车的问题，而是去了解一种理解的艺术。要在这个游戏中取胜，学生们就必须对家庭中存在的问题有非常敏锐的洞察力，而这些家庭和他们自己的家庭又是完全不同的。让学生学会通过他人的眼睛看世界，是经济学培养的重要组成部分，同时也是学生个人成长的重要组成部分。

还有许多很好的题目可以用来练习。明年，我想我可以问学生这样一个问题：为什么夫妇双方都有工作的家庭，和只有一方有工作但有同样收入的家庭相比，存款数目反而要少得多？是因为夫妇双方都有工作的家庭雇用了一个管家吗？是因为职场妈妈和全职妈妈相比，不太关心她们孩子的未来吗？还是因为职场妈妈为孩子们树立了一个独立自主的好榜样，因而不需要为孩子们留下一大笔遗产呢？

或者我还会问，在任何类型的文化中，男性自杀的可能性都比女性大许多。是因为女性会感到在继续抚养下一代方面要承担更大的责任吗？或者是因为女性的寿命更长，因而当配偶把生活弄得一团糟时，女性心中仍然抱有希望，仍然可以经受得住吗？

教师这个工作真的很像做父母。我的女儿有时候回家时心情沮丧，因为她认为在学校受到了轻视，这时，我就会帮助她，鼓励她去通过别的孩子的眼睛来看待、想象这些事情。这种想象是有一定技巧的。你可以先推测，然后考虑这个推测是否有一定的合理性，再检查这个推测是否与全部证据一致，然后再仔细琢磨一下你的推测。这正是一个优秀经济学学生如何思考购物手推车问题的思路。

经济学的家居语言

经济学并不仅仅涉及个人选择问题，它还研究社会选择问题：奖励积极性和公平晋级的关系，维护自由和保持秩序的关系，为最广大人群提供机会和向最弱势群体提供安全保护的关系。换句话说，我可以问：什么是对的？什么是公正的？什么是公平的？我的女儿对这些问题非常感兴趣，她的问题更加具体：她的零用钱是她应得的权利还是对她打扫房间的奖励？她是否有不理会父母建议的自由，比如冬天出门时只穿一件夹克？她和她的朋友可以选择一台她们大多数人都喜欢或者都不讨厌的电视吗？每次当一个孩子哭闹说“这不公平”时，父母们就不得不面对某种经济上的公平问题了。

我能讲两种语言。在课堂上，我讲一种图表和方程式的语言；在家里，我就会讲一种梦境、幻想和抚慰的语言。在课堂上，我会以非常抽象的语言来讲述签订有强制力的合同的好处；在家里，我会具体地讨论当凯莱和朋友杰西卡在玩跳棋时，杰西卡为什么不喜欢她在棋局中间改变跳棋规则。在课堂上，我会与同学们一起讨论在声明财产所有权时普遍会遇到的问题；在家里，我会讨论一些特定的道德问题，比如在一个公共沙滩上，一个孩子声明一块地属于他时，产生的一些道德问题。能讲两种语言并不意味着你有双份的事情去讨论，而是仅仅意味着对同一件事，你必须讨论两次。

但是有些事很奇怪：有时，一些用课堂上的语言来说显得非常晦涩难懂的事情，用家居语言来说却显得非常简单、清楚；而有时倒过来也是一样。这也就是说，父母和经济学家之间可以互相学习很多的事情。

这正是本书所要讨论的问题。本书可以说是一个杂文集，关于各种基本人性问题，如公平、公正和责任等，这些是父母和经济学家们都必须面对的问题。本书还讨论了正确和谬误的准则问题，这些准则对每个父母来说都是显而易见的，但是这些准则还必须让那些任性的孩子和刚愎自用的经济学家都明白和掌握。本书还讨论了理解的技巧问题。本书讲述了教授经济学的问题，用经济学的一些理念教会人们宽容、怜悯和理性的严密。本书还用经济学的方法来了解家庭，同时又用家庭结构来说明一些经济学问题。

常常有这样的情况，一个很有想法的大学生会向一个教授提出挑战，而结论证明学生是正确的。对于一个有良心、有原则的教授来说，这是在课堂上所能拥有的最快乐的经历。如果父母鼓励在家庭成员之间自由交流思想，那么就会有很多的机会体会到同样的快乐。对于那些固执己见的作者来说，如果他们的读者非常关注他们的作品，并跟他们进行非常活跃的交流，那么他们也能体会到这种快乐。本书中的论点都是经过长时间仔细思考的结果，起码对我来说都是正确的。但是如果错了，请大家本着前面提到的课堂上的精神和家庭晚饭桌上的态度，务必告诉我。

FAIR PLAY

第2章

游戏场上的经济课

哪个父母会接受这样的理由呢？

“是的，我偷了饼干，但是我知道另一个孩子偷了一辆自行车。”

偷窃能治自私症吗?

我有幸有一个只有5岁却非常早熟的孩子。在看电视时，她一听说比尔·克林顿宣布要增加所得税，立刻大哭起来。再没有比我更感到骄傲的父亲了!

这一揽子税收措施，和往常一样，是用花言巧语包装起来的:"富人们得到的太多，而穷人们得到的太少。""他们可以说是'物超所值'。""只有这样才公平。"等等，冗长乏味。

事实上这些是政客们编出的花言巧语。我推断，是因为有些选民需要这种论调。也许这会使这类选民减轻一些愧疚感，因为他们从来是靠别人的辛勤劳作过活的。欺骗大家，让大家认为别人是应当被剥削的，总比承认自己贪得无厌要好得多。

虽然，这里的关键词是“欺骗”，但是事实上，没人相信“收入再分配”这种骗人的鬼话。你可以用这种花言巧语在一定时间里去愚弄一些人，而且让他们心甘情愿被愚弄。但是，没人会永远相信这些鬼话，而且，没人在内心深处会相信这些鬼话，哪怕只是暂时相信，甚至产生将信将疑的感觉的人都没有。

我是怎么知道这些的呢？这是因为我有一个女儿，我常常带我的女儿去游乐场，在那里，我听到了别的父母告诉他们孩子的东西。在我无数的经历中，我就从来没有听说哪个父母会对他们的孩子说，别的孩子的玩具比你多，你可以去抢过来玩。我也从来没有听说哪个父母会告诉孩子，如果一个小孩的玩具比别人的都多，那么其他孩子就可以成立一个“政府”，通过投票，把那个孩子的玩具抢走。

当然，我鼓励分享，当我们的孩子过分自私时，我们也会尽力让他们感到羞愧；但是同时，我们也告诉我们的孩子，如果另外一个孩子很自私，你可以用其他方法解决，但绝不能是暴力抢夺。你可以笼络，可以交换，可以与之绝交，但是你绝不能偷窃；而且，即便是一个合法政府，也绝没有这样的道义权力去替你偷窃。也没有任何的立宪会议、民主程序或者任何类型的机构可以创造这样一个行政机构，拥有这样的道义权力，因为，这个世界上根本就没有这样的事！

不论我们如何用其他方法来找托词，这在道德上并不是一个很难解释的问题。政治家和时事评论员要靠怂恿这类毫无根据的权力和托词来谋生，但是，当我们跟我们的孩子讨论问题时，这些托词就都消失了，因为没有哪个大人会在游戏场里辨不清是非曲直。

我们教孩子的东西展示了一些存在于我们内心深处的真理。如果你想知道一个政客或者时事评论员的真正信仰，不要去听他的演说或者看他的评论文章，要去听听他给他的孩子提出的一些建议。如果你想知道一个政客的行为的善恶，要问问他的家人是如何看待这个问题的。

大人们总搞“双重标准”

几年前，我带我的女儿凯莱和她的朋友阿利克斯一起去吃晚饭，她们那时应该已经 6 岁了。在要饭后甜点时，我让她们选择：要么现在吃冰激凌，要么饭后吃泡泡糖。阿利克斯选择了冰激凌，凯莱选择了泡泡糖（给年轻父母的省钱窍门：从很早的时候就告诉你的孩子，泡泡糖是一种饭后甜点）。

阿利克斯吃完冰激凌后，我们出去买凯莱的泡泡糖。凯莱有了泡泡糖后，阿利克斯却什么也没有了，然后阿利克斯就开始号啕大哭。对于任何旁观者（大人）来说，很清楚，阿利克斯没有任何道理。她已经有了和凯莱一样的选择权，而且已经提前享受了她的权利。

这个问题同样也会在大人们的生活中发生。保罗和彼得在年轻时都拥有同样的机遇。保罗选择了过一种安逸的生活，每周工作 40 小时，有一份稳定的收入。彼得选择了投入他的全部青春年华去建立一个新企业，整天忙得连轴转，收入也很没有保证。到了中年，彼得变得非常富有，而保罗则不然。于是保罗开始诅咒、攻击这个制造了不平等的制度。

我不想争论彼得的选择是否比保罗的选择从内在上更让人钦佩，我也不想争论泡泡糖的味道是否比冰激凌的味道更香甜。但是我想讨论一下保罗的选择，他的原因是什么。一个很好的测试就是去看看一个大人是否会严肃对待一场小学生之间的争论。保罗的牢骚说明他没有通过这个测试。

源于选择的收入和单纯源于机遇的收入有什么差别呢？我们再来看看你是如何对你的孩子说的吧！如果你曾经给孩子分过蛋糕，你就会听到这种口头禅：“分得不公平，我的蛋糕小！”如果那时你很有耐心，你就会向孩子解释说，如果一个孩子安心享用他自己的蛋糕，而不是去考虑他妹妹盘子里的蛋糕是否比他自己的大，那么他就会从生活中得到更多的幸福，而那些总是想去比较，结果却往往被搞得心烦意乱的孩子，得到的幸福就会少得多。因为我们希望我们的孩子生活得幸福，所以我们就应该告诉孩子，如果有人给你一块蛋糕，你就安心去享用；如果别的孩子的蛋糕比你的大，你就应该记住，这个世界上还有很多孩子，得到的蛋糕比你得到的小。如果下次你的同事得到了一次意外升迁，你就应该记起这堂人生课。

大人们对自己的标准和他们对自己孩子的标准之间往往是不一致的，但是，大人们在财务方面却很少这样。如果你生活在一个普通的美国家庭里，公共广播公司每年会从你的口袋里掏去 5 美元来资助像国内公用无线电台这样的项目。国内公用无线电台的说客（全都是大人）却企图通过指责其他“大户”来掩盖这种小型的掠夺行为。而这种“大户”就是像海军这样的部门，它们每年都要花比国内公用无线电台多十几倍的资金来采购武器。

也许这些说客把他们的说服目标仅仅定位在了那些无儿无女的选民身上。哪个父母会接受这样的理由呢？“是的，我偷了饼干，但是我知道另一个孩子偷了一辆自行车。”

所有的父母在碰到一个似是而非的争论时，都可以认清其本质。相比较而言，选民却总会“认购”这种貌似有理的辩论。但是，很矛盾的是，父母和选民往往是同一人。我相信，这个矛盾的根源是：我们往往会更费心地去思考在何时、用什么样的方法去调教我们的孩子，但是在选择规范议员行为的方法和时机问题上，我们投入的心思却要少得多，这一现象可以说是非常明显。我的建议是：省些脑子吧！你应该认识到，你不必把孩子和议员的问题分开来思考。一个好的经验和方法是，如果你们的孩子因为某事而必须受到应有的惩罚，那么，你们的议员也没有权力逃避惩罚！

几乎每个美国的经济学家都为帕特·布坎南的保护主义复兴理论而感到震惊，我的女儿凯莱也是这样。不同的是，不像经济学家们那样，凯莱感到震惊的理由非常合理。

FAIR PLAY

第3章

我女儿才是国际贸易专家

当凯莱长大到可以读懂这些标语时，她也懂了这样的道理：如果有人想让你去关注你的贸易伙伴的种族、宗教、性别或国籍等问题，那么这些人就不是好人。

粮食变汽车？

经济学家们认为，贸易是繁荣的动力。从这一点，他们演绎出（非常正确地）：一个拒绝贸易的国家，就是一个拒绝繁荣的国家。他们引用的研究成果表明（也很正确）：如果通过关税或者进口配额来保护一个年薪5万美元的美国汽车工人的工作，那么，整体汽车消费者就会因为价格上升而每年多付15万美元。他们认为（再次是正确的）：自由贸易，就像技术进步一样，会使某些工人失去工作，但是，在平均水平上，一定会增加美国的财富。

这些正是我在大学教室里进行的一些讨论。我最喜欢的一种教学工具是一个故事，是根据北卡罗莱纳州立大学教授詹姆斯·英格拉姆讲的一些故事的情节虚构而来的。故事讲的是，一个才华横溢的企业家发明了一种新技术，可以把粮食变成汽车。他在海边建了一个工厂，对工厂内部的情况严格保密，然后开始着手生产。

当消费者得知这种新型汽车比底特律生产的任何车型的性能都更优良、价格更便宜时，大家都震惊了。中西部的农民也被吓坏了，因为这个工厂给他们下了巨额的粮食订单，要买下大量的粮食填进他们那个神秘的机器里。而其他汽车厂的工人，由于受到的是旧式的培训，所以他们在内心深处感到了深深的担忧；与此同时，这项技术的进步也得到了广泛的认可，总的来说是件好事，尽管它伴随着越来越多的痛苦。

一天，一位好事的记者设法找到了这个工厂里一个心怀不满的工人，这个工人最终揭开了这个工厂的惊人的秘密：这个巨大的工厂的里面其实是空的，工厂的后面直接通向一个装卸码头，粮食从前门运进来，从后门运出去，然后运到国外去换汽车！

这个令人震惊的新闻一下子把这个企业家从一个众人瞩目的英雄，变成了一个臭名昭著的恶棍。趁着公众的愤怒，帕特·布坎南的理论迅速得到了白宫的认同。自然，这个故事的寓意是说，便宜汽车是个好东西，不论我们是通过技术进步还是国际贸易来得到它们，都是一样的，都是好东西，是等价的。阻断贸易就好比关闭了许多最有效率的工厂。要支持帕特·布坎南的理论，你就不得不无视这种重要的“等价”的存在。这种有意识的“视而不见”，是不可能得到繁荣的。

这也就是我告诉我学生的东西。但是，对我的女儿，我没有这么说。跟我的学生不一样，凯莱需要我来进行道德指引。没错，我可以告诉她，贸易是如何让我们的家变得越来越富有。但是，9 岁的孩子常常特别以自我为中心，因此，需要鼓励他们去关心别人，关心那些需要友善的鼓励和支持的人。因此，我没有告诉凯莱在经销商那里买汽车时，省下一笔钱对我们家来说有多棒，而是跟她谈正确与谬误的区别。

“校园市场”的交易原则

凯莱已经知道了许多是与非的东西。她在校园市场上，可是个活跃的交易者，在那里，她常常与人交换贴花纸、卡片和奶瓶盖。有时，凯莱想和她的同班同学梅丽莎进行交易，但是梅丽莎却更喜欢和另外一个班的珍尼弗进行交易。凯莱非常失望，但是她也明白，她不能强求梅丽莎与自己交易。更重要的是，她知道强求是不对的。

凯莱非常正直，她甚至从来没想过让老师介入，以禁止梅丽莎和“外商”进行交易。她认为，只有不讨人喜欢的孩子才会采取这种策略。

布坎南把美国的国会当作了一个“国师”，在“校园”里维持秩序，确保所有的“孩子”都按照“谁是老师的宠儿”的标准玩游戏。我的女儿认为这种方法很恶心。她是对的。

贸易保护主义是错误的，因为它剥夺了个体的一项基本人权：选择自己的贸易伙伴的自由，例如，以任何价格、从任何愿意交易的商家那里购买任何类型的汽车。

但是，说贸易保护主义是错误的，还有一个原因。这个原因我的女儿懂，而帕特·布坎南却不懂，而且它正是何谓一个正派人的核心。我的女儿知道，所有的人，生来都是平等的，任何人都有追求成功的平等权利，它不因某人“生错了地方”而改变，因为那条边界本来就是想象出来的。对我的女儿来说，她从来不会对底特律的汽车工人多关心一些，而对东京或者墨西哥的汽车工人少关心一些。

有人说要保全一个美国工人的工作，就要花费美国消费者多少多少钱，这都是胡说八道，把它们都忘掉吧！即使布坎南是正确的，即使他有某种神奇的方案，可以让美国消费者以零成本保全美国工人的工作，但他的观点仍然是不得人心的，因为他的出发点是假定美国工人比外国工人更值得保护。这世上会有什么样的道德基础可以支持他这种对人类进行的丑恶分类呢？

布坎南常常受到谴责，说他是种族主义者；我也时不时地想，他常常因那种种族主义的划分，而受到了许多不公正的谴责，并吃尽了苦头。但是这里面也有劝善惩恶的意味，因为他这种过分简单化的民族主义几乎和种族主义一样可恶，而且行为方式简直就是一样的！鼓励人们买“美国货”，和鼓励人们买“白人货”在原则上没有什么差别。

我们应该去关心他人。我们应该去关心我们周围的人，我们也应该去关心那些陌生人。但是，如果这个陌生人碰巧是美国人，我们的关心就多一点儿，如果他碰巧是日本人或者墨西哥人，我们的关心就少一点儿，这是一个人最自私、最执迷不悟的本性表现。上帝保佑，我的9岁的女儿不是这样，她对“关心”理解得更好。

很早以前，也就是1992年竞选年的上半年，我的女儿凯莱，那时也就是5岁左右，已经明白一些政治了。那一年，每个主要的候选人都想扩大政府的规模和权限。在职的乔治·布什在刚刚结束的4年总统任期内，大肆进行了联邦政府的扩张。民主党的领头羊比尔·克林顿承诺要将卫生保健事业国有化。布什的主要竞争对手帕特·布坎南试图关闭边境。克林顿的主要竞争对手保罗·桑格斯主张的工业政策纲领就好像是由法西斯头目墨索里尼构思出来的一样！顺便说一句，我是认真的：参议员保罗·桑格斯在早期的胜利，可以说是自第二次世界大战以来，美国人与完全意义上的法西斯主义最近的一次遭遇，一直持续到下半年罗斯·佩罗特的出现！那可真是让人后怕的一年！

凯莱敏锐地感觉到，她的父母没有找到多少合适的选择，于是，她很想了解得更多一些。一天晚上，她让我坐下，让我给她解释这个问题。我尽力用最适合一个5岁孩子的语言进行总结概括，尽全力忠实保留那些候选人的言论的精神实质。例如，在解释布坎南的贸易政策时，我对凯莱说，布坎南没有考虑到，应该让人们自己选择买什么样的车。

她出去想了几分钟，然后回来宣布，她已经做出决定，她要支持布坎南。她的解释是："我不关心我们买什么样的车。"

我可以利用这个机会来解释比较优势理论，尤其可以解释这样的事实：当我们购车的选择余地越小，车价就会越高，这样，我们的钱也就所剩不多了，无法去买一些其他的、对一个5岁的孩子来说更重要的东西了。但是，这样做除了毫无用处之外，还使我们做父母的有逃避责任之嫌，逃避引导凯莱的道德发展方向的责任。我没有刻意指出一些人的确在意买什么样的车，而是告诉她，我们应该像关心自己的自由一样，去关心他人的自由。

我想，在那一时刻，我的女儿已经成为一名国际贸易的专家了。她了解到了问题的要点，在她的脑海里，已经有了一个对基本道德问题的永久的、清晰的理解，而这些基本的道德问题，是许多经济学教授常常不愿意面对的。

我们这些以教书为生的人都明白一个道理：你也许永远无法真正理解一个非常难懂的概念，但是，当你向你的学生解释了这个概念之后，你似乎就完全明白了。我们这些做父母的也知道一个现象：你也许永远无法了解一个非常简单的道理，但是，当你把它解释给一个孩子听后，你自己似乎也就理解了。有一门学科叫“福利经济学”，它就是利用数学工具，根据各种不同的道德标准，来分析政策选择。我相信，这些工具，对于任何真正想对那些非常微妙的经济公正问题进行严肃思考的人来说，都是必不可少的。但是，这些工具也会被用来制造一种非常难以捉摸的假象，而事实上，问题中所蕴涵的道理是非常简单的。我们应该打破这种假象，而与一个孩子进行讨论是打破这种假象非常好的一种方法。你不可能在一个学龄前儿童面前炫耀你的技术和技巧。你必须踏踏实实地讲最基本的东西，比如我们应该关心他人的权利。问题的确就这么简单。

家庭“抵制沃尔玛”运动

凯莱和我都尽量不在沃尔玛连锁百货公司买东西，但也并不是总能做到，因为有时，我们非常想买的一个东西，除了沃尔玛，其他地方很难找到！但是，只要有可能，我们就尽量在其他商店买东西。

这是一种对沃尔玛大肆张扬的经营方针的刻意的抵抗。店里的每个过道上都张贴着各种标语，极力吹嘘店家正在不懈地努力：不卖进口商品。但是标语上也承认，沃尔玛也不是总能做到这一点的。有时，沃尔玛急需的商品，除了进口，国内很难找到。但是，只要有可能，沃尔玛连锁百货公司更愿意提倡："买美国货，你也可以做到。"

当凯莱长大到可以读懂这些标语时，她也懂得了这样的道理：如果有人想让你去关注你的贸易伙伴的种族、宗教、性别或国籍等问题，那么这些人就不是好人。甚至是沃尔玛的经理们，在孩提时代也懂得这样的道理。不愿意这么想的大人们，不得不去求助于一些非常极端的诡辩，但这些诡辩，小学生们根本就不爱听。

这种诡辩论俯拾即是。如果不是的话，沃尔玛连锁百货公司恐怕就要关张了，而加利福尼亚的参议员黛安·范恩斯坦也就要下台了。范恩斯坦参议员反对"残酷地、毫无人道地"削减非法移民的公共卫生和教育救济金，但是，她却支持严格边境管理，在第一道关卡阻止非法移民入境。也只有一个绝顶聪明的诡辩师才可以解释这种毫不掩饰的虚伪。对参议员范恩斯坦来说，她要么是关心墨西哥人，要么就是漠视他们。如果她毫不关心他们，那她所说的“毫无人道”又如何解释呢？如果她确实关心墨西哥人，那她又该如何解释自己说的“把那些墨西哥人关在墨西哥”呢？

就像沃尔玛连锁百货公司的管理层一样，这个参议员像赞成某种异乎寻常的观点：对于那些碰巧住在美国的外国人，我们可以关心得多一些，而对于所有碰巧住在其他地方的外国人，我们就可以关心得少一些，而且，如果我们可以强迫这些外国人待在那条想象中的边界线的另一边，那么，我们就可以不必管他们的福利问题了。我实在无法想象会有怎样的道德准则来证明这种观点的合理性。

但是，很显然，参议员范恩斯坦的动机根本不是任何道德准则；她的唯一目的就是增加那些加利福尼亚人（大部分是盎格鲁—萨克逊人）的物质利益，作为美利坚合众国的公民，他们已经得到了许多特别的好运气。她的观点是，那些加利福尼亚人可以享受住在他们旁边的墨西哥裔邻居的卫生和教育福利的溢出效果，但是可以理所当然地忽视就住在往南几百公里的墨西哥人的卫生、教育和福利问题。

如果说参议员范恩斯坦是个原则性很强的自由主义者，那么她应该赞成让人们选择他们的居住地。如果说她是个很有原则的平等主义者，那么她对那些已经来到美国、相对富裕的墨西哥人的无比关心，和她对那些还困在边境另一边的贫穷的墨西哥人的漠不关心相比，绝对是非常不平等了，而这些墨西哥人在移民美国之前，原本就是邻居。因此，我们只能说她根本就毫无原则性可言，这样才可以解释她为什么能有这样的谬论：要求人们给富裕的少数人提供更多帮助的同时，给贫穷的多数人提供更少的帮助。

因此，可以说，参议员范恩斯坦在为她的选民服务时，是根本不考虑任何是非曲直的。这也许就是我们对政客们的所有指望了（而且，这也许就是一个很好的理由，使我们尽可能地、随时随地限制所有政客的权力）。而她总提到的某些人的“残酷”和“没有人性”都说明，她非常重视给自己的行为释放烟幕弹，而她所说的“那些人”都是些不赞成她的提议的人。我敢打赌她已经释放这样的烟幕弹了。如果在这篇文章中，给参议员范恩斯坦提供和我一样的发挥篇幅，毫无疑问，她一定会捏造一些浅薄的、似是而非的东西来摆弄她那些自相矛盾的观点。但是我想我的女儿可不会买她的账。

现在，继续把你的观点和你的孩子交流一下。向他们解释说，有一个美国参议员认为，碰巧住在美国且相对富裕一些的外国人，应该得到一些额外的利益，而碰巧住在墨西哥且相对贫穷一些的外国人，就应该被抛诸脑后。在经济学课堂上，我们可以非常严肃认真地讨论这些议题，因为我们忽略了它彻头彻尾的荒谬性。给孩子解释这些的好处就是，为了让他们可以理解，你必须去掉那些冗长的空话，而且必须把那些隐晦的假设解释得非常清楚。

“这不是美国！”

在教科书中，自由移民的案例和自由贸易的案例非常相像：我们为所有的美国人计算成本和利润，认为收入必须超过成本。在自由移民的案例中，成本是由美国工人来承担的（他们因为工资下降而受到了损失），而利润则由美国的资本家获得了（他们从工人的工资下降中获利）。任何一个合格的经济学学生，都会在一个图表中用面积来表现成本和利润，并且运用一些最基本的几何学，就可以计算出代表利润的面积要比代表成本的面积大。

在这个几何学中隐藏的内情是这样的：当一个工人少挣一美元，资本家必定会多挣一美元。就此范围来说，利润和成本恰好是平衡的。但是，资本家可以享受一部分额外的利润：工资成本的下降，使他们可以从扩大经营规模中再次获利！因此，资本家得到的，要远远超过工人所失去的。①

① 记者们似乎认为，国外竞争的成本，可以用由此而带来的美国工人失业的人数来衡量。但是恰恰相反，事实并不是这样。有一些美国人虽然失业了，可是他们对工作并不是非常在意，他们并不是把工作放在第一位；他们认为与其接受减薪来应对新的竞争者，倒不如放弃工作。而最大的受害者是那些非常珍视他们的工作、非常想维持他们的工作的人，他们几乎承担了减薪的所有影响。

如果你认为这种成本—利润分析可以作为一种合理的政策指引（而且，如果你要相信这种教科书上的分析已经包含了所有相关的成本和利润项目），那么，我们就可以得到一种自由移民的论点。大多数经济学家，包括我，都坚信成本—利润分析都跟政策有关，大多数经济学教科书中都有一些经过证明的关于这些相关性的论据。比较有特色的是，这些论据部分迎合了一种赤裸裸的利己主义（如果美国的政策制定者始终如一地遵循成本—利润分析，那么大多数美国人，最终将所得多于所失）；这些论据还迎合了一部分道德准则（成本—利润分析对每个人都是公平的，成本就是成本，不管由谁来负担它）。

迎合利己主义我可以理解，但是迎合一些道德准则就是胡说八道了。但是事实上，这种独特的成本—利润分析，并不是对每个人都是公平的。它对所有的美国人是公平的，但是完全忽视了那些目前还不是美国人，却希望成为美国人的人群的利益。

碰巧的是，承认那些外国人是“人”只会加强这个辩论的结论，因此，从这个意义上来说，找不同的借口没有任何坏处。这些借口可能有某种说服力，因为尽管我们极力地忽视开放边境对许多人显然十分有益这一点，但我们却仍然得出开放边境是一件好事的结论！这就好像下国际象棋时你让了对手一个“后”，而最终你还是赢了这局棋一样。

凑巧的是，经济学界还存在一种观点，是说新到的移民的收益是可以忽略不计的。这种观点认为：如果有足够多的墨西哥移民进入美国，他们就会将美国的工资水平和工作条件下压到墨西哥的水平，这样一来，他们自己将会一无所得。因此，我们正在“忽略”的那些收益，就永远不可能实现，再者，从这个分析看来，对这些人群忽略不计也不会给我们带来任何损失。

但是，在这个论点中，有一点很让人费解，那就是它假设所有的墨西哥人都是毫无区别的。但是，有的墨西哥人会有一些特殊的技能或者机遇，这使他们可以在美国发家致富，即便他们在美国碰到的条件和墨西哥的一样！另一种类似的假设，即假设所有的美国工人都是毫无区别的，将会导致这样一种结论：当工资水平已经降到一个特定的水平时，在职的和失业的美国人都很满意，因此，没有任何美国人会因为外国人的竞争而失业，从而受到伤害。

所有这些都是可以在课堂上反复研讨的东西，在课堂上，我欢迎任何形式的辩论。这种辩论是非常重要的。但是，所有这些一个孩子都无法真正领会（有时也可以说是某些大人的想法）。民谣虽然天真质朴，但没有受过教育的年轻人获取真正的智慧的来源并非民谣。我们的要求不能太高了。

我的意思是，要想严肃认真地洞察像贸易和移民这样的问题，必须要由有思想的成年人来完成。但是，有时候通过和一个孩子对话，一个成年人的思想可以变得更加深刻。正反方意见都很重要，但是，还有一件事情很重要，那就是你找不到一个合适的方式来告诉一个10岁的孩子，为什么你不愿去关心那些遥远的墨西哥人的问题。在凯莱3岁的时候，一天，她蜷在我的怀里看动画片《老鼠也移民》（*An American Tail*），故事讲老鼠克维兹一家从老猫的压迫中逃了出来，跨过大海逃往一个梦想中的自由国度。当自由女神像如预计般隐约出现在远方时，凯莱不由得抓紧了我的手。当老鼠克维兹一家上岸后，凯莱长长地松了一口气。但是，灾难很快降临了。老鼠克维兹被强迫去一个血汗工厂劳作，终日被拴在一台缝纫机旁。凯莱起初被吓坏了，然后便是愤怒，她把小手按在小屁股上，大声宣布："这不是美国！"

当然，她是对的。那不是美国，最多只是美国的一小块儿，没有什么代表性的一小块儿。凯莱不知道克维兹的孩子们将拥有他们自己的裁缝店，他的孙子们将要或者已经建立起庞大的商业帝国，或者去治病救人，或者去扩展人们的知识领域。她不知道美国将对老鼠克维兹一家信守它许下的诺言，将加倍地回报他们。她只知道她想让克维兹幸福。对一个3岁的孩子来说，这也不错。

那个标志着克维兹一家获得自由的自由女神像上写着：

送给我吧，你那些疲乏的和贫困的
挤在一起渴望自由呼吸的大众；
你那熙熙攘攘的岸上被遗弃的
可怜的人群；
把那些无家可归的、饱经风霜的人们
一起送给我。
我站在金门口，
高举自由的灯火！

我不知道凯莱对这些诗能看懂多少，但是我知道，她理解了诗中的情感。

FAIR PLAY

第4章

为什么非听权威的?

如果说我们服从警察的指挥是因为警察有使用暴力的特权，那么，为什么警察会服从比尔·克林顿和特伦特·洛特的指挥呢?

要图书馆，不要数字

当我的女儿上一年级的时候，对于成年人观点上的差异，她要远比一般 6 岁的孩子知道得多。她的老师，不论是那时的，还是现在的，都赞赏她那种利用图书馆的好习惯；凯莱很早就知道她的父亲不喜欢图书馆，并不认为任何一本值得一读的书就是一本值得拥有、值得认同的书。她的老师教她辨认星座，但是星星的位置仅仅是一种现实存在，凯莱知道，按照她父亲的观点，最无趣的事情，就是面对一个现实存在，你却无法用理论去阐明。我的用意是想唤起她对某些细微差异的注意，并且帮助她避免陷入这样一种思维定势，即认为某个大人的理论是坚不可摧的，而且她必须掌握这种理论。

在当今社会，有两件事神圣不可侵犯：环保主义和反毒品战争。而我们的教师在这两件事上很容易上当受骗，进而影响我们的孩子。一种健康的怀疑主义，或者是一种积极意义上的对权威的不敬，对一个小学生来说，是一种最好的自我保护工具，使他们免受那些教师的影响。反毒品宣传从小学教育早期就开始了，而环保宣传开始得更早。在凯莱只有4岁的时候，就已经受到了一个幼儿园老师的简单的影响，她是个狂热的环保主义者。这个老师反复地给这些孩子灌输这样的口号——“享受特权的同时，应该承担义务”，或者是一些精心编制的话语——“因为我们拥有居住在这个星球上的权利，所以我们就有义务去保护她。”

这样一来，《独立宣言》（*Declaration of Independence*）中的观念——在这个星球上，生命是一种不可剥夺的权利——在教室里，被一种《互存宣言》（*Declaration of Interdependence*）取代了，而且被认为是一种不言自明的论断，即我们的权利是受到许多相互之间承担的义务的限制的（或者说，取决于你的种类，是一种所有生物之间的义务，无论大小；或者说是一种宇宙万物之间的义务），权利不再是完全意义上的权利，而仅仅是特权，是可以被环保主义者的上帝随意给予或者剥夺的。那么，什么样的高级教士可以给我们启示，告诉我们那些上帝的意志呢？当然，是那些教师。

这些环保主义的狂热崇拜者要求孩子们放弃所有关于权利和义务的本质的独立思考，而去盲从于他们老师的价值判断。

对于一个教师而言，以一种让人耳目一新的方式来谈论环境问题很简单。而这正是灌输一种关键思想的诱饵。例如，我相信我的孩子已经够大了，可以理智地思考一些问题了，如在她刷牙时，是否该开着水龙头。当她让水流入下水道后，别人就不能用这些水了。而用水的价值，用水价就可以很好地度量出来。凯莱现在 9 岁了，只要借助一些诱导性的提问，她就可以估算出刷一次牙要用多少水、这些水的价值，以及这个价值是否足够来平衡把水龙头拧来拧去所费的工夫。这是一种很好的练习，练习预算和计算。这也是一种让她发现市场的真正奇迹的好办法。只要凯莱关心她自己家的水费账单，她就会“自动”计算他人的利益，别人也许需要用这些水。

但是凯莱的老师不想让她对这些问题进行清晰的思考，也许是害怕清晰地思考会成为一种习惯，而习惯进行清晰思考的人是不愿意做一个盲从者的。相反，那些老师高高在上地宣称，因为水对别人来说是宝贵的，因此我们就应该格外地节约使用。对一个好奇的孩子来说，就会产生这样一个问题：到底哪种宝贵资源我们有义务去格外地节约？如果一个孩子的好奇心很强，观察力敏锐，他就会很快意识到，老师想要的答案并不是“所有的宝贵资源”。例如，老师们就很少提到“因为住房供应对许多人来说非常宝贵，那么我们就应该少建一些学校”，他们更不会提“因为在产业界熟练工人非常宝贵，因此我们应该减少教师的数量”。

那么，行事的模式到底是什么呢？是什么样的通用规则强迫我们去保护水资源而不去保护我们投入教育领域的资源呢？事实就是，根本就没有什么行事的模式，而那些通用规则其实也很简单：只有老师可以告诉你什么资源应该得到保护。因此，所有的一切就不是关于刷牙和水的问题，而是关于权威的问题。

老师所教的这些东西会被一遍遍地重复、加强。他们教我的女儿把她的纸杯洗干净，重新利用，这样，她就不会浪费纸张了。但是从来没人教她把那些纸杯扔掉，这样她就不会浪费时间和精力了。是谁决定了做纸杯的纸比她的时间和精力更珍贵呢？她的老师。根据是什么呢？除了老师是永远正确的之外，什么根据也没有。

我希望老师们可以这样处理水杯这个问题：给每个学生一小笔现金（或者游戏币），用来在这一学年中买纸杯或者其他小玩意儿。把杯子洗干净重新用的学生就会省下更多的钱来买珠子或者弹球。而那些宁愿每天买一个新纸杯的学生就可以提前30秒钟去休息，而此时，他们那些节俭的同学正在排着队洗杯子。

这一制度可以作为一个素材，在课堂上进行一次关于两种策略的生动辩论。孩子们将不得不开始思考关于贸易的问题。最佳的结果是，他们甚至可能发现一个最重要的理论，即最佳策略是不存在的，因为有的学生更关心弹球，有的学生会更关心娱乐时间，而这些都无可厚非。某种关于如何分配个人有限资源的争执，不应该受到道德上的谴责。

但是，老师们教授的却是完全错误的东西，即只有唯一一种正确的选择，而且这种选择是不能通过任何类似的理由、推理得出的。老师们这样做，部分是因为这样可以加强他们自己的权威，部分是因为对于一些不愿意用脑的老师来说，要求学生死记硬背，要比引导学生进行大量的逻辑思考容易得多。

这就是为什么美国的中学生可以正确地告诉你亚马逊雨林正在以多快的速度消失，却绝对没有任何的思维框架，去思考雨林是消失得太快了，还是不够快。对一个老师来说，往往是在黑板上写一个数字（雨林正在以每年多少平方公里的速度消失），然后让学生去记住这个简单的事实，而不是用某种理论去阐明，这样做当然非常简单。而引导学生去进行一些理智的思考，思考一下那块土地的其他用途，以及如何衡量、比较各种不同用途等这一类难题，对于老师们来说，恐怕就要麻烦得多了。正因为这么做要吃力得多，所以大多数老师就不会去自找麻烦了。

在我的女儿刚上四年级的时候，有一次，我给她讲了一个故事，是关于19世纪的拓荒者们如何在俄亥俄州砍伐森林、开垦农田的。听完故事后，她的第一个问题就是：“难道他们不知道那些树可以制造氧气吗？”我告诉她，人们需要氧气，但同时人们也需要食物。可是这些话没有让她留下什么深刻的印象。对她来说，森林天生就比农田重要，两者之间存在某种最佳平衡的概念和她在学校学到的东西格格不入！当然，每个9岁的孩子都有一些具有他们自身特点的错误观点，而凯莱也许是她们班唯一一个有这种观点的学生。因此，我不会完全责怪她的老师。但是，凯莱的这种错误观念，的确是在课堂上被经常性地、不适当地强化了。

关于教育孩子应对风险

除了环保主义之外，我还需要定期地对凯莱在另一个重要方面进行反灌输，那就是她对毒品的态度。她的老师告诉她，在这个方面，不值得去冒任何、哪怕是最小的风险去对它进行试验、认知，去单纯地体验它的快乐。这是非常不符合经济学的。我希望我的青春少女永远不要像她老师期望的那样，害怕生活中任何可能发生的事情。

凯莱在上二年级之前，是感恩而死乐队的歌迷（在杰丽·加西亚去世的前一年，这些都结束了)。曾经有整整一年，她都央求我带她去听感恩而死乐队的演唱会；我现在非常后悔，因为我们从来就没有抽时间去听那个演唱会。一次，我逗她说:“如果你想去听感恩而死乐队的演唱会，你就必须吸食很多毒品。”凯莱手叉着腰，以一种让我局促不安的眼光严厉地盯着我说:“爸爸！感恩而死乐队不会让你去吸毒的！”

也许这是一种天真烂漫，也许这是某种信条被大量灌输的结果，即好人从来不吸毒。但是我明确地告诉凯莱，她的父亲每天喝大量的咖啡，而咖啡因就是一种毒品。我还告诉她，还有许多药品比咖啡因更危险，有些甚至可以杀了你。但是后来我又告诉她，虽然有许多东西可以杀了你，但它们并不都是坏东西。

我怀疑父母们都在有系统地鼓励孩子对事物采取一种谨慎的态度，原因如下：当孩子进行冒险行动时，父母们要分担的成本比收益要多得多。如果我的女儿爬到一个悬崖边，摔了下去，对我，对她，这都是件可怕的事情。如果她爬到悬崖边，感到非常刺激，对她来说，就是一次异常辉煌的经历，而对于我来说，就远非这种感觉了。也就是说，在衡量了成本和收益后，也许她爬悬崖的次数比我希望的要多得多。这里就存在一个毒品政策的道德问题了。

希拉里 · 克林顿认为，需要全村的人(夸张点说，甚至需要一个庞大的联邦官僚机构）来养一个孩子。共和党人于是嘲笑说，根本不需要全村的人，只要一个传统的家庭就可以养活一个孩子。他们还批评克林顿政府在让孩子远离毒品方面几乎毫无建树。显然，那些共和党人认为养孩子不需要整个村庄的努力，而只需要一个警察国家。在我的印象中，在一个传统的家庭中，关于毒品的教育是由父母来进行的，而不是政府。无论如何，我希望他们可以放过我的孩子。教育孩子关于风险的知识是一方面，但是如果告诉孩子，对于那些风险，只有唯一正确的反应的话，那就不同了，这种做法会更加有害。

教师权威vs政府权威

这使我们想到了老师的权威和政府的权威之间的关系问题。考虑一下这种关系，可以帮助我们掌握一些人尽皆知的事实。

第一，各大学都在淘汰大量成绩不良的学生。根据标准的智能测验，按平均水平来说，大学毕业生要远比大学新生聪明。事实上，有三分之二的大学毕业生在他们还是大学新生的时候，就都排在班里的前列（根据标准智能测验）。另一方面，那些进入教育领域的大学毕业生，平均智力水平却恰恰和大学新生一样！在那些当了老师的学生中，只有一半的人在还是新生的时候，名列班级前列。好像这种淘汰的过程完全绕过了那些主修教育的学生。

那也就是说，一般情况下，那些老师都不是智力天才。那么，教学的水平也许就跟这个有些关系了。这下面还有更悲观的论断。

宾夕法尼亚大学的约翰·洛特教授给我们描述了这样的现象：在世界各国，公共教育的支出（以及大众传媒的支出）肯定和国家的极权主义程度有关（即总的来说，一个国家极权主义越盛行，该国在公共教育上的支出就越多）。相反，像公共卫生以及其他一些宣传价值不明显的公共服务事业，其支出水平和极权主义程度就没有太大的关系了。也就是说，公共教育在服务于一项令人憎恶的事情。

你也许会争辩说，极权统治者试图控制公众生活的方方面面，因此，它在公共教育方面的巨额支出就不足为奇了。但是，极权统治者会同时许诺在公共卫生方面也进行大量投入吗？当你意识到这纯粹是种骗人的鬼话时，上面那种理论就立刻站不住脚了。

那为什么我们还会有公共教育呢？因为让大众受教育是有益处的，而且，还有一些观点认为私人没有足够的能力支撑教育事业。但是，这种理论只是为了换得政府的津贴或者是担保，而不是由政府来经营学校的真正原因。政府办教育的真正原因是，它可以控制教学的内容。我希望这些会让人们感到一些不安。

还是“警察好人，歹徒坏人”吗？

孩子在学校学了许多东西，我不可能和它们一一做斗争，因此，我开始给她慢慢灌输一种健康的、全面的怀疑精神。有时，凯莱和我会进行一些小型的讨论，是关于老师们常常犯错的问题。当我鼓励我的女儿抵制老师的权威时，我同时也是在两个不同的方面对她进行经济学教育。第一，我鼓励她尽量抵制她的老师强加给她的那些林林总总的错误经济学知识，例如在环保和毒品领域的一些错误知识。第二，我一直在直接强化一个经济学上的中心教义：权威，常常不是什么好东西。

我希望继续宣传我的这种想法，但是，我希望你先允许我说些跑题的事。我想说的是，成人对权威的服从程度，是一个非常特别、非常不可思议的事：一般情况下，美国议会535个议员投票通过一项法案，2.6亿美国民众会选择服从这项法案。为什么会这样？那些议员们有什么神奇的力量吗？

天真的答案是，我们服从他们，是因为他们有枪，但这并不是正确的答案。枪是军队和警察的，不是议会的。如果说我们服从警察的指挥是因为警察有使用暴力的特权，那么，为什么警察会服从比尔·克林顿和特伦特·洛特的指挥呢？

这是一个孩子可能会问的问题，但是，据我所知，没有哪个大人可以回答这个问题。这也就意味着这是一个值得深思的问题。而且据说只有三四个人试图去回答这个问题。其中一个我最熟悉的，就是我的同事詹姆斯·卡恩。当然，当我说卡恩是为数不多的几个曾经思考过这个问题的人之一时，我所用的“思考”这个词的意思，在社会学范畴是指“构筑一个经济学的模型”。

卡恩的做法是，先假定有一定数量的人，他们必须从进行生产性劳动和相互偷窃之间，选择一种作为他们的生活方式。窃贼的活动阻碍了生产性活动，因此他们就无法解决这样的事实：一个窃贼的行为会对其他窃贼的生活产生负面影响。这也就意味着，每个窃贼都愿意限制自己的偷窃行为来换取其他窃贼也采取同样的行动。与此同时，生产者也在安全保卫方面配置了一定的资源，但是，他们也忽略了这样的事实：由于他们的保护行为，阻止了人们犯罪，这也就相当于给他们的邻居带来了利益。于是，每个生产者都愿意采取额外的安全措施来换取其他生产者也采取同样的措施。因此，就有了许多互利的协议，如果得以施行，其效果是非常好的。

在这样一个社会中，罪犯们也许会觉得，如果他们联合起来，成立一个垄断的犯罪辛迪加，防止其成员过度剥削生产部门，也许效果会很好。卡恩设想了一个强力机制，可以把武器从分散的罪犯团伙手中转移到中央辛迪加的控制下，这样，就可以通过强制执行一个协议，即每个窃贼的偷盗数量不得超过一个额度，以提高社会产出。

在我看来，这种模式是第一次尝试进行一种严肃认真的思考，思考人类社会是如何从霍布斯式的自然状态演化到具有公认的权威人物、有组织的等级社会的，这种思考是非常令人钦佩的。但是，这种模式太抽象、太程式化了，没有抓住我们这个社会的一些细节问题。例如，它就未能预知这个中央犯罪辛迪加将由两个议院组成，其中有535名议员。将来研究工作的一个课题，就是创建一种非常具体的模式。

对将来的研究工作来说，一个更容易取得成果、更重要的课题，就是研究当一个没有受到任何挑战的垄断辛迪加与一个垄断者相互对立时，与这个垄断者时常面临一个偏激的竞争对手的威胁相比，哪个更可取。换句话说，如果你的财产不得不被窃贼团伙掠夺，你是宁愿由一个懂得孰轻孰重的团伙来掠夺呢，还是宁愿由几个由于地盘争斗而分散了部分注意力的团伙来掠夺呢？卡恩现在的模式无法回答这个问题，而我还没有发现有其他的模式可以回答这个问题。

这些在现实中的意义就是，当司法部调查一个有组织的犯罪团伙时，我不太清楚该支持哪一方。城市暴力团伙是非常可怕的，而警察也一样，在敲诈勒索方面，他们是没有竞争对手的。我不知道哪一个更坏。但是我的的确确知道，有一个问题值得担心，那就是枪支控制。我所见过的最棒的一个反对枪支控制的论点，是写在一个汽车的保险杠上的:“如果我们持枪被宣布违法，那么，就只有警察有枪了。”

我女儿的老师认为，没有必要深入思考社会问题。老师只是教她，警察是好人，歹徒是坏人。这原本是一个讨论的结论，但是这个讨论压根儿就没有进行过。老师们常常是根本不承认这种讨论的重要性，而是直接得出结论。

其实，这是一堂经济学课的内容，因为事物并不总是它们看上去的那样，所以，如果缺乏有条理的假设，且没有严密的推理，那么，就不能直接得出结论。因此，我一边鼓励女儿抵制老师的偏见，一边想，我要在经济学方面给女儿一个良好的开端。

纽约市长的“盗窃案”

我还记得我的小学一年级老师，她在听了约翰 · F · 肯尼迪的讲话后，非常激动。当时，肯尼迪当选美国总统后，鞭策他的民众说:“不要问你的国家为你做了什么，而要问问你为你的国家做了什么。”从那时起，我就开始小心提防散布于老师和其他舆论领导者之间的那些亲政府的偏颇论调。让我来给你举一些例子，来说明这些论调的流传有多么广泛。

我的第一个例子是来自前参议员保罗·桑格斯（他曾在新罕布什尔州获得初选胜利，几乎断送了比尔·克林顿的白宫之路），这个论调他表述得最清楚。他反对死刑，除非受害人是个“社会代表”，如一个政治候选人，或者是一个警察。正是吉姆·卡恩向我明确指出的：很显然，这个参议员就不会区分什么是社会代表，什么是政府代表。难道就凭一些愚蠢的分析就可以说明一个国会候选人比一个企业家、一个公司经理或者一个出租车司机更具有社会代表性吗？然而，没有一家媒体站出来在这个问题上责难保罗·桑格斯。因为这一论调正是由这些媒体发布出去的。那些高高在上的政府官员头脑中根深蒂固的观念就是：我们根本就不会去注意这一点。这件事并不仅仅是古代政治史的脚注，关于死刑，一些类似于保罗·桑格斯观点的东西，已经出现在好多国家的法律中了。

还有一个例子。佐伊·贝尔德是克林顿总统的司法部长的第一候选人，因为被发现非法雇用了一个保姆，结果她落选了。为此，她进行了道歉，之后有许多讨论，讨论她的道歉是否充分。但是，据我所知，在课堂上和媒体中，没有一个人站出来，表明一种对我来说是显而易见的观点，即贝尔德女士的行为证明，她绝对有资格当司法部长。我最不希望出现的事就是，一个司法部长认为，人们应该盲目地遵守法律。我希望一个司法部长的观点是，有缺陷的法律就是错误的，人们就不该去理会它。而事实是，没有一篇社论的主笔有这样的见解，这绝对是他们小学老师的失败！

还有一个例子：共和党人猛烈抨击克林顿总统提交的一个耗资巨大的刑事法案，他们说该法案没有用处，且完全是为了贿赂选民而提交的。纽约市长鲁道夫·朱利安尼也认为这种批评是对的，但是，他同时也批准了这项法案，因为他发现，这些对选民的“贿赂”中，有许多指定给了曼哈顿。这项法案也许对国家有害，但是它对纽约有利，而朱利安尼的工作就是为纽约谋利益。朱利安尼的行为无疑可以使他和窃贼相提并论了，因为窃贼也可以说，他的合理偷盗行为是为了给家族谋利益。在个人生活中，是不能以“我在照顾我关心的人”作为恶行的借口的，那么，在公共生活中，它也不能作为恶行的借口。

当然，朱利安尼只是在履行他的职责。那么，一个职业杀手也可以有同样的借口。但是，职业杀手是无法得到人们的同情的，而朱利安尼却可以高枕无忧。为什么会有这样的双重标准呢？我想，是因为我们对选举产生的官员有太多的出于本能的尊敬。

第四个例子。20 世纪 80 年代早期，黑手党控制了纽约的水泥工人联合会（Concrete Workers Union），并且利用它的权力向该市的每笔建筑合同征收 1%的税。这种情况在联邦政府、州政府和市政府的联合干预下，被终结了。但是，这三个部门后来都各自向每笔建筑合同征收了（并且仍在征收）不止1%的税。在这种情况下，很明显，存在两个税收机构——黑手党和政府，而政府却更贪婪。如果是黑手党成功击退了政府，而非政府成功击退了黑手党，那么对建筑业来说，情况也许好得多。但是，媒体仍然尽职尽责地把这场对峙描绘成为一场发生在好人和坏人之间的战斗。然而，更准确地说，这应该是两个吸血鬼之间为争夺地盘而发生的战斗。

事实上，这正是吉姆·卡恩的研究项目所提出的问题的最好例证，这一点我在前面也提到过。如果黑手党和政府一起对建筑业征收苛捐杂税，建筑业就会放弃许多建设项目。但是，清除了黑手党后，政府就可以为建筑公司减轻一些负担，同时增加它自己的所得份额。这听起来像是政府和建筑公司的双赢。但与此同时，在消灭了竞争对手后，政府就有了更多的税收来源。因此，一个垄断的税收者对征税权的统一，对社会生产部门来说，最多是一个好坏参半的事情。

第五个例子，也就发生在最近。在1996年共和党年会上，杰克·肯普，就是那个板着脸、不苟言笑的人，在会上号召堵住非法移民的“后门”，这样，我们就可以敞开前门欢迎合法移民进入。但是为什么有人要堵住“后门”，不让一些受欢迎的公司进来呢？为什么那些移民在有的“门”就受到欢迎，而在其他一些“门”就不受欢迎呢？当一辆房车开到了肯普家的隔壁，那么，肯普先生是不是必须要这么做呢？首先，检查这辆车是要向北开还是要向南开，然后再决定是欢迎他的新邻居，还是竖起一道高高的篱笆。不，并不是这辆车到来的方式使肯普先生感到烦心，而是它有没有得到政府的驻留许可证。因此，我们来修正一下这个问题：当这辆房车开来后，肯普先生是否需要求助于某个政府机构，来指导他如何对待这个新邻居呢？答案当然是不必。那么，为什么当这个新邻居碰巧来自另外一个国家时，答案就会变成必须呢？我认为这个问题现在还没有一个好的答案。不欢迎任何人，不论他们是如何到这儿的，这我可以理解；把所有的人都赶走，不论他们是如何到这儿的，虽然有很大的困难，但我还是可以理解。但是，如果由政府来决定欢迎谁、拒绝谁，就不符合任何原则了，而只能说成是一种对政府职能的盲目夸大。而肯普的观点也正说明了这种盲目夸大的流传有多么深远了。

最后一个例子，是我自己的经历。几年前，我出版了《反常识经济学 1：生活中的经济游戏》一书，在那本书中，我主张，在国会中进行两党合作，就该被认为是违反了反托拉斯法案。我们不允许美国联合航空公司和美洲航空公司的老总进行秘密合并，损害民众利益，那么，我们为什么就允许共和党与民主党的合谋呢？我曾经收到一个意见，说，这里是否应该有一个关键的区别，即在某种意义上来说，航空公司的老总们是在密谋违反法律，而政治家们是在试图制定法律。我在回信中问他，是否存在什么历史证据可以证明哪种行为会更具危害性呢？我想，一般说来，制定法律（恶性法律）要比违反法律更糟糕。现实情况是，我的编辑可能永远不会支持我的这种观点，而这种事实，正是我想谈到的某种教条的东西的一个例证。

走一条完全相反的路

如果你想与这种教条的东西做斗争，那么，你就是在抓住机会，走自己的路了。例如，当你3岁大的孩子开始问你关于高速公路上的雷达探测器的问题时，你就没有几种可选答案了。要做到完全诚实，就需要向孩子解释说，这种雷达探测器的唯一目的是为了便于违章超速。要想部分诚实，你可以把你的雷达探测器藏起来。我有个同事叫艾伦·斯托克曼，他的大女儿叫格温多林，当格温多林3岁时，她开始变得具有很强的好奇心。艾伦采取的策略是把雷达探测器藏起来，以免格温多林产生这样的印象，即所有的规则都必定会被打破。当然，事实上是有的规则肯定会被打破，有的则不会。但是，像圣·托马斯·阿奎那那样敏锐的哲学家，已经意识到了如何划定界限的问题。对阿奎那来说，关键的标准是要和自然法则保持一致。这对一个久经世故的成年人来说，没问题，很好，但是，艾伦认为，他 3 岁的女儿显然无法领会正常限速这个概念。

因此，为了维持他女儿对法规的敬意，艾伦好几年都没有用雷达探测器。这样，在格温多林成长的过程中，艾伦就有足够的时间告诉她，在黑白对错之间，还有一个灰色地带。

我告诉艾伦，他的分析，一半正确，一半错误。正确的部分是：如果你告诉一个小孩子说，有些法律是错误的，而其他的一些是正确的，那么，这个小孩子就很可能会感到非常疑惑。但是，错误的部分，就是像艾伦所做的那样，要让孩子相信，所有的法律都是正确的。我自己的倾向是，走一条完全相反的路，即教育小孩，告诉他们所有的法律都是错误的。随着这些孩子的成长，在他们变得更加成熟之后，他们就会逐步接触并理解阿奎那的这种高深的概念了，即某些法律的确是公正的。

处理这些问题，简直就像是走钢丝。我的确想让我的女儿认识到，警察是好人，因为如果你迷路了，他们会送你回家；但是我也想让我的女儿认识到，警察不是好人，因为他们执行了许多错误的法律。我曾经和我的女儿讨论过这种自相矛盾的观点，而她领会起来丝毫没有问题。

有些事，我想让我的女儿留下深刻的印象，即便这些事有些超出了她的理解能力。我的女儿 6 岁时曾经问过我这样的问题：政府是如何使用我们的税款的？这之后没几天，就发生了“韦科惨案”①。当她进屋时，电视上全都是火焰和屠杀。我告诉她，现在，她看到的，就是她的问题的答案。当她听到这些时，画面上出现了一些孩子，满身是火，她的眼睛睁得大大的，充满了恐惧。我希望并且相信，她会永远记住那一刻。

对有些人来说，他们喜欢为历史开脱，并以此来教育我们的孩子，而珍妮特·雷诺（美国首位女性司法部长）和她的暴徒们在华沙犹太人起义纪念日（4 月 9 日，即韦科惨案发生的当天）那天所犯下的暴行，可以说是帮了个大忙。凯莱和我在那天晚上进行了一个小小的讨论，讨论了一些过去的暴行、现在的暴行和未来的暴行。

有些非常感人的时刻，在凯莱的记忆中留下了永远不可磨灭的印象，而凯莱那种自然而然产生的感情，也在我的脑海中留下了永远不可磨灭的印象。在她 5 岁的时候，我给她读了一篇林肯

① 1993 年 2 月 28 日，美国联邦执法人员出动坦克和飞机，对大卫邪教设在韦科的总部进行围剿，当天在冲突中有 6 名大卫教徒和 4 名执法人员丧生。此后，双方开始了长达 51 天的武装对峙，并于 4 月 19 日对韦科山庄采取行动，引发大火，包括妇女和儿童在内的 80 名大卫教徒在枪战和大火中丧生。后引发美国媒体和民众对政府行为过当的批评。——编者注

的传记。当我读到林肯访问新奥尔良，看到人们上着镣铐，像动物一样被出售时，她害怕得喘不上气来，当时我也几乎读不下去了，我被某种情感所征服，那是一种对我的女儿的超然的爱，同时也是一种无法忍受的悲痛，是因人类所受到的所有苦难而感到的悲痛。几年前，我第一次给她读《云肯、布林肯与诺德》这首诗，当我读到高潮部分，揭示了“云肯、布林肯是两只小眼睛，诺德是一个小脑袋……”时，她高兴、赞赏的气息，也让我的心中充满了某种同样的、难以形容的东西。

我很想知道，有多少我们童年的激情，会再次被一首诗或者一个故事唤起。《美国少女》是一本无可非议的畅销故事书，书中的主人公叫艾迪，她逃离了奴隶制的压迫，和她家人一起，在北方开始了新的生活。她的英勇行为，激励凯莱达到了一个前所未有的高度和深度。凯莱现在非常渴望更多地了解人们对自由的渴望，特别是有关“地下铁路”的历史知识，这要部分归功于艾迪。

当然，她还只是个孩子，她的知识基础中仍有许多空白。凯莱第一天到学校的时候，遇到了一个黑人孩子，回家后就宣布，她已经和一个逃跑的奴隶交上朋友了！那天晚上，我们谈了很长时间有关历史的问题，澄清了许多错误的观念。我相信，我们从这些讨论中得到了更多的东西：我们填补了许多学校基础教育中的空白。我希望这样的讨论能多一些。

FAIR PLAY

第5章

谁说经济学没有诗意和激情?

成人往往为贪婪所困，如果孩子们可以从内心深处感受到对生命和世界的尊敬和敬畏，那么，贝多芬和莎士比亚的创作的最终意义也就实现了。

给女儿读的诗

我喜欢给我的女儿读诗，而且已经读了很多年，从她会说话之前就开始了，一直到她的文学和社会知识已经足以和我相提并论，足以使她自己的注意力从我读的诗上转移开为止。那时，我几乎每天晚上都给她读诗，常常每次都是45分钟。现在，每当她的时间允许，我们还会读诗，大概每周一到两次。我给她读诗，并不仅仅因为她是个活物，会静静地坐在那里听我朗读，而是因为她非常喜欢这些诗，很想听这些诗。我总是给她读一些我喜欢的诗，从不管这些诗的内容。我们反复地读艾略特和叶芝的诗，还读过杰拉德·曼利·霍普金斯和狄兰·托马斯的诗。《荒原》（*The*

Waste Land）曾经是她听过的最早的一部催眠曲。

无论是《老国王》（*Old King Cole*），还是《冰激凌皇帝》（*The Emperor of Ice Cream*），在凯莱还无法理解这些诗歌之前，她就喜欢这些诗歌的韵律。我相信，她已经背下了许多诗，像狄兰·托马斯的诗，对她来说，“有些诗句常常浮现在我的脑海里，如‘骑着大马去班伯里路口’，那时，我不知道‘大马’是什么东西，也不知道‘班伯里路口’可能没有什么意义可言，后来，在我第一次读像约翰·多恩的诗，‘去吧，跑去抓一颗流星，去叫何首乌肚子里也有喜’的时候，也无法理解其中的含义”。

凯莱还有很多这样的感想：

> 诗句的意义、象征或者含义，都不是最重要的。重要的是它们的韵律，当我第一次听到这些诗句，听到它们从一些遥远的、高深莫测的大人口中传来的时候，不知什么原因，它们好像就生活在我的周围！这些诗句对我来说，就像是铃声，像乐器的奏鸣，像风的声音、海的声音和雨的声音，像奶车吱吱嘎嘎的声音，像马蹄踏在石路上的嘚嘚声，像树枝划过门窗玻璃的声音，就像一个天生失聪的人，突然奇迹般地恢复了听力！我不十分在意这些诗句说了些什么，也不关心其中的男男女女或者鹅妈妈等人都发生了什么事；我只关

> 心这些韵律的形式，它们的名称，那些描写他们的行为的诗句，以及我所听到的一切；我还关心这些诗句在我的眼中留下的色彩。

我想，这就是凯莱的体验了，至少是头几年的体验。一天晚上，我给她读阿奇博尔德·麦克利什的著作《诗艺术》(*Ars Poetica*)，结尾有这样一句："诗人不应欲为，而应成为。"床上的凯莱脱口而出，问道："成为什么？"她已经发现了其中的含义，她已经长大了。

有些诗，对凯莱来说，很可能有一些特殊的个人含义。罗伯特·弗罗斯特的诗《火与冰》(*Fire and Ice*) 写道，世界将在无尽的欲望和仇恨中灭亡。每当我们读到这里时，凯莱都会露出恬静、会意的微笑。她知道，托马斯的《蕨草坡》(*Fern Hill*) 描写的是一个深爱的儿时的家的失落，也许她也感觉到了，它实际是在描述童年的失落，但是，情况也可能不是这样，因为虽然她感到了诗歌的悲伤和美丽，但是她仍然可以读完整个诗篇，而不会为此而真正落泪，但是她的父亲就做不到这一点。当凯莱躺在床上，听我读托马斯的诗《乡村的睡眠》(*In Country Sleep*) 的前几行时，她一定知道，诗中描写了一个父亲，正在和我们差不多的环境中，在睡觉前，哄他的女儿：

我的姑娘

不论走到哪里

在这片故事中的土地上

永远，永远不要陷入睡眠的魔咒

害怕或者相信那些

披着羊皮的狼

它们正在吼叫着，奔跑着，或者高兴地跳跃着

亲爱的，亲爱的

在露水滴落的时候

它们爬出堆满了树叶的洞窟

在玫瑰森林的房子里

来吞噬你的心

对于这首诗，我不太清楚凯莱对于那种更深的、更悲剧性的寓意理解了多少，这里，诗中暗示了某种更大的危险：即使一个父亲，也无力阻止狼群的接近。

我一直认为，凯莱可以理解霍普金斯诗中的悲剧情节和经济学。诗中写道：

如何留驻美丽？有办法吗？

抑或根本没有？无人知晓。

用蝴蝶结、胸针、发辫、牙套还是花边？

是拴住它？抓住它？还是锁住它？

留驻美丽，留驻美丽，让它永不消逝。

顺便说一句，大声地朗读霍普金斯的诗，是生活提供给我们的最大快乐之一。

我给凯莱读诗，是因为它碰巧是我喜欢的一种艺术，因而我得以感染她。我和她讨论数学的原因也是一样的，而且我希望有一天，我们的对话将激励她以另外一种形式看待赤裸之美，即令人惊叹的美，是一个在三次曲面上的 27 行矩阵，19 世纪的数学家曾经为之着迷，而她的名字凯莱也正来源于此。

但是，我能教给她的也是有限的。我的音乐细胞就十分有限，因此，在这个领域，她就需要其他的指导老师了。我们是可以设法分享对感恩而死乐队的热爱，但是她对王牌合唱团的喜爱和我对桑代姆的歌的爱好也许永远不会达成一致了。我确信，我能为我的女儿做的最有价值的事，就是给她一种对生活中可能发生的事的判断力（这也是一种以经济学为基础的观察力），或者用我们拗口的行话来讲，就是她的“机会集合”。

为了达到这个目的，我抓住每个机会去影响她，告诉她每种物质生活上的舒适和便利，都是一个天才行为的结果，像汽车、计算机和超级市场等，所有这些正是因为某些人有了这些天才的想法后，才实现的。我正在进行一种微妙的尝试，来给她制造这样一种印象：天才的行为是非常值得追求的！

总统、总裁，谁更天才？

在历史上，有很长一段时间，大部分是在中世纪，天才的行为很少，经济也停滞不前。但是，随着工业革命的到来，伴随而来的一种发明创造精神，极大地改变了人们的生活状况。我希望我的女儿会深爱这种伟大的精神，并选择去融入这种伟大的发明创造精神之中去。

我想让她知道，生活中，成功所必需的策略，就是发现某种需求，并发明某种方法去满足这种需求。没有任何艺术家、发明家或者企业家会因为运用一种陈旧的方法完成一个陈旧的任务而成为伟人。这可以说是一句格言，在社会各个阶层广泛流行：它适用于装配流水线上的工人，他们会不断留心寻找新方法促进生产，它同样也适用于那些开创了高度现代主义的诗人。

而这个道理对孩子来讲，不是那么容易接受的，他们需要这方面的教育。例如，一个少年，填了一份申请表，在一大堆条件基本上差不多的申请人当中，由于运气好而被选中，得到了一份暑期工作，这样，他很可能会把这件事普遍化、一般化，他会认为，通用汽车公司总裁的工作原本也就是这么得来的。于是，父母的工作就是要和这种错误的印象做斗争了，要向孩子解释，企业家就像大多数的成功人士一样，是那些通过自己创造性的想象力，使自己卓尔不群的人。

这也就是说，大公司的管理者，一般都具有无与伦比的天分，这是无可替代的，而美国总统就做不到这一点。公司管理者之所以成功，是因为他们具有独一无二的见解和能力，而政客们的成功，大部分是因为他们具有那种尽量避免得罪人的习性。

很显然，最高法院的那几个法官从来就没有受过这方面的教育。他们的“发育不良”在 1982 年的判决中表现得淋漓尽致（克林顿总统在和宝拉·琼斯进行法庭辩论时，曾经引用过这个判决）[①]。那时，他们判决，对在职美国总统的行为免于法律起诉，理由是这些诉讼会妨碍总统的“决策”。而同样的“豁免权”却不适用于通用汽车公司的总裁，尽管事实上，通用汽车公司的总裁比美国总统更加不可或缺。

当然，这也不是说公司总裁应该被免于起诉，而是说如果你要向人们分发诉讼豁免权，你就不应该把美国总统排在队伍靠前的任何位置上。事实上，我们从来都不认为一个政客的时间，会

① 宝拉·琼斯起诉克林顿在当阿肯色州州长时对自己实施性骚扰。

比任何公民的时间更具有社会价值，这些政客什么也不干，只是把别人的财富搬来搬去地搅乱，而那些成千上万的公民却在真正用生命进行创造性的劳作。

在宝拉·琼斯案的后一个判决（1997年）中，最高法院一致判决，总统在任职前，其行为不具有诉讼豁免权。即便如此，最高法院还是没有明确驳回这种荒谬可笑的论点，即美国总统的时间，比出租车司机、经济学教授或者公司总裁的时间更宝贵。

这些最高法院的法官不可多得的技巧和手腕之一，就是允许那些公司的老总们干多少，就能挣多少。如果他们的手段平庸，那么竞争就必定使他们的工资下降。要赢得丰厚的报酬，你必须做出独一无二的贡献来。

让孩子成为“游击手”

我希望我的女儿可以理解以上全部的东西，而且能更概括性地了解一种判断方法，并以此方法来判断她的所作所为是否具有社会效益，这种方法即是，当人们愿意付钱让她这么做时，她的所作所为就是有社会效益的。实现社会效益并不是唯一正确的生活目标，但是，能有这样一个尺度和标准来衡量你的所作所为，也是很不错的。

一次，我问一个准父亲，希望孩子成为一个什么样的人，他立刻回答说“游击手”。随后，他又向我解释说，事实上，他没有给孩子设定非常明确的目标，无论孩子走什么样的生活道路，只要幸福，只要成功就好，他说，只要“他不出局就好”。

当然，那时他的眼睛是闪闪发光的。

我不知道在凯莱生活的球局中，她会打哪个位置，但是，我希望她是兴致勃勃地去参加这场比赛。我认为，如果她在高中时总是拿全优回家，那将是一个令人担心的发展趋势。一个青少年，如果不去忽略她的学校作业，她就无法去发展她强烈的激情、兴趣和雄心。努力构思一首好诗，设计一辆更好的自行车，或者是完成纽约马拉松比赛，相比拼命去通过高中的经济学考试来说，那些都是一种更高层次的内心的呼唤。

这并不是贬低经济学。凯莱和我都对经济学感兴趣，尤其是新闻中的经济学。凯莱对时事有一种长期的、非常早熟的兴趣，我相信这是从海湾战争开始的。当时她只有 3 岁，她非常强烈地意识到，生活在她周围的大人，开始关注电视节目，并且态度也都变得严肃起来了，这让她感到很奇怪。她想知道发生的每件事，大人们安慰她说，这些事都发生在很远很远的地方。在随后的好几个月里，她总要看电视新闻，要弄懂所有的新闻报道讲的是什么。在她 5 岁的时候，有一次，我在无意中听到，她正在给一个

12岁的孩子讲解谁是鲍里斯·叶利钦！

因为许多新闻报道中都提到了有关经济学的问题，因此，在我和凯莱之间，就很自然地产生了一个兴趣交汇点。许多经济学问题，对孩子解释起来，比对大人解释要容易得多，因为大人总是带着一生积累的偏见去看待经济学问题。凯莱知道，最低工资法阻碍了一部分人去工作，而许多大人却不理解这正是最低工资的本质。她还知道，公共电视台是政府所有并由政府经营的。因此，她完全根据自己的分析就认识到，公共电视台很可能就是亲政府宣传的源头。相比之下，许多大人似乎认为，政府拥有的媒体倾向于拥护政府的扩编计划，纯粹是一种巧合。

凯莱还知道存在无家可归的人的原因，而令人难以置信的是，许多大人都不知道这个原因，那就是无论为什么，一些人宁愿无家（也就是说，他们宁愿不去挣足够的钱来拥有一个家，或者宁愿把钱花在其他地方）。当她听到某个电视评论员说，问题在于缺乏住房供给时，她就会大大地嘲笑一番。她已经长大了，知道如果有人出钱来买房，就有人会出钱去建房。

在凯莱要上一年级的前一晚，她突然变得非常害怕。当我给她把被子盖好时，她突然止住眼泪说："我害怕上一年级！"于是，我们把灯打开，坐在一起说话。我给她讲故事，那是很久很久以前一个小男孩的故事。这个小男孩也害怕上一年级。当然了，这是一个很长很长的故事，但是，最终，小男孩的每件事都编排得很好。当我讲到故事的高潮，即这个小男孩长大后成了她的父亲时，凯莱就变得异常轻松愉快了。

第二年，凯莱报名参加了一个周末体操班，这也引发了一次类似的恐慌（不过要温和一些）。这一次，我再没有个人故事给她讲了（其实，如果说实话，那么前一个故事也纯属虚构，因为我根本就记不得自己是如何开始上一年级的）。但是凯莱是一个经济学推理的信徒，我们把她的这种信仰好好地利用了一下，去分析体操教师的动机问题：如果孩子们不高兴，他们就会退学，学校的利润就会减少；因此，老师一定会努力让孩子们开心的。这个逻辑推理彻底解除了凯莱的恐惧。万幸，凯莱没有停下来仔细想一想这样的事实，即这种动机对于公立小学的老师来说，是不管用的。顺便提一句，体操班的训练非常成功。

几年前，我、4 岁的凯莱和凯莱的朋友杰西卡，也是 4 岁，一起在树林里散步。杰西卡找到了一根漂亮的羽毛，而凯莱找到的只有嫉妒。当然，凯莱以前也一定感到过嫉妒，但是她一直无法形容这种感觉。后来，我们回到家里，杰西卡也回家了，于是，我们就拿出时间进行了一次父亲和女儿的对话。凯莱的嫉妒，只是一种渴望，而不是那种怀恨在心的嫉妒或其他类型的嫉妒。从这次谈话中，她懂得了，如果你的朋友找到了一根羽毛，而你没有，那么，为你的朋友感到高兴要比为自己感到遗憾好得多。当我告诉她，仍有许多大人不懂这个道理时，凯莱感到非常吃惊。凯莱从来就没想过用暴力把杰西卡的羽毛抢过来，因此，当我告诉她有关累进所得税的事情时，她对此感到非常的震惊。

小女孩们常常会担心谁会是她们的朋友，有时小男孩们也会这样，但是我认为程度会不一样。无论什么时候，如果三个小孩在操场上碰到一起，那么，最终会有一个感到自己被排斥在外了。凯莱会对这种情况感到很心烦，这时，我会替她感到心疼，但是也无可奈何。如果可以，我会帮她分析哪里出了问题，如何修补这种友谊。但是更多时候，我所能做的只有倾听，或者给她擦眼泪，或者再给她讲一些我曾经给她讲过的事：有时候，那两个孩子想在一起玩，但不想跟你玩，这时，你能做的就是学会去处理它，学会应付它。你不可能强迫他们跟你玩，即便你可以，那也不是个好办法。

她总是对我说，你的这些做法对大人也许有用，但是你不理解，对孩子来说，这样做太难了。我对此无言以对。但是我要特别提到的是，将来，她会遇到许多大人，他们会远没有她想象的那样成熟。对于那些面对国外的竞争寻求保护的美国制造商，我想说，有时候，某两个人想互相贸易，而不想和你进行贸易，那么，你的正确做法就是去学会处理这件事。也许你可以强迫他们和你进行贸易，但是这样做是很孩子气的，是错误的。

我一直在寻找新的教学方法，来给孩子们教授经济学，为此，我建议对税收制度进行改进。我的想法如下：你还和原来一样计算你的税款，但是，你不用再给美国国税局寄支票了，而是把支票寄给玩具店，换回等值的玩具，然后你把这些玩具拿回家，给你的孩子玩；一星期后，美国国税局的一个工作人员会来到你家，没收这些玩具，把这些玩具还给玩具店，获得现钞。我再也想不出什么更好的办法来教给孩子们什么是税收了。

但是，如果没有这种夸张的情节帮忙，孩子们要学点知识，就不得不从日常生活中汲取了，如上学的第一天，在树林里散步的时候，或者在操场上和人吵嘴的时候，甚至是在坐车的时候。我记得在凯莱 9 岁的时候，一天，她正在车上照着镜子打扮，我问了一个很无知的问题，立刻激起了她的好奇心。我问道：如果我们驾驶汽车向前行进，那么，从她脸上发出的光线如何到达镜子呢？答案很简单：光线一定比汽车跑得快。但是如果汽车比光线跑得还快呢？那么镜子就不起作用了！于是，我们进行了一番讨论，为什么事物在高速运行和静止时，表现都几乎一样？为什么镜子就特殊呢？这样，一个奇事接着一个奇事，凯莱对于这些困惑，就有了自己的结论，她猜测，也许汽车原则上不可能比光线跑得快。

有时候，她会让我感到非常茫然。一天晚上，我感到又饿又累，便抱怨了几句，于是，凯莱就问我，我是更累呢还是更饿？我最初的反应是给她解释说，她的问题没有什么意义，因为饥饿和疲劳是由两种完全不同、完全没有可比性的单位来衡量的。没有什么共同的尺度来对它们进行相互比较。我可以感觉到我现在比一个小时前更饿，但是我无法说清楚这是一种什么样的感觉，即我很累，但是我更饿。

但是，随后，我停下来，仔细思考了一下，事实上，大人们之间经常问这样的问题，而其他人却能够回答这样的问题！而且双方都相信这种答案可以表达一些非常重要的信息。因此，我们一定具有某种本能，把我们的基本需求转化为某种单一的、线性的比率。而像我这种经济学家用来衡量人们需求的晦涩方法显然不合时宜了，我非常感谢凯莱让我认识到了这一点。

吃了点东西，休息了一会儿后，我开始思考凯莱的问题中的一些讽刺意味。粗心的大人们常常坚持认为，你不能用美元来衡量爱情的价值，同样，也不能用美元来衡量环境或者人的生命的价值，这也就是说，不可能简单地用一种单一的标准来衡量不同的事物。在这方面，凯莱就可以教那些大人一些知识。有两种选择，前一种是你愿意保护一种珍稀的猴子还是愿意在你的银行账户上多50美元，后一种是判定你是更饿还是更累，这两种选择就很容易被人们拿来相互比喻，而且即便是个孩子也会这么做。

有一次，在经过了一个小时的大闹大笑后，凯莱和我平躺在地板上，上气不接下气。我转过头，让凯莱答应我：永远不要嫁给那些无法和你共享如此欢乐的人！她答应了。于是，我就胳肢她，又开始大闹起来。

品味快乐，不要赢

我们来看看作为一个父亲，我还可以给她提供什么样的建议。

我开了一堂荣誉新生研讨课，这种研讨课非常受欢迎。要听这样的课，你必须递交申请和一篇小品文。今年，有人递交了一篇这样的小品文：他是一个非常仔细、耐心的听众，因为他发现，如果你尊重你的对手，就会很容易把他争取到你这边来。

当时我浑身的血液都快凝固了，我立刻拒绝了他的申请，而且还很遗憾自己没办法把他从学校开除！如果有人认为争论是一种竞争，那么，他就不该来上大学，就不该存在于一个有教养的社会里。一个人仔细倾听他对手的观点，不是为了战胜他，而是为了从对手身上学到些什么。有些孩子，上完了高中，却自始至终都没有发现，在一场辩论中，如果被证明是错误的，将会是一件多么令人高兴的事情，因为这样可以使自己的知识更加丰富。

后来，我又考虑暂时同意那个学生的申请，让他来上课，我想让他知道，还有更好的行事方法。但是，当我重读了他的小品文后，我确信，他并不是那种天真的无知，而是存在无可救药的性格缺陷。

作为一个父亲，我的建议是和这个学生的观点完全不同的，也是和成千上万的读者的观点完全不同的，他们都读过一本畅销书，书名是《最佳辩护》(*How to Argue and Win Every Time*)。

辩论就好比一次在家里的嬉笑打闹，关键不是要去赢，而是去尽情享受这个过程和经历。我所有的建议都涉及这种体验，都是要让生活充满乐趣。

在凯莱还不到3岁时，我带她去看了一次迪士尼的电影《美女与野兽》。在接近片尾，演到野兽死去的时候，凯莱默默地流下了心碎的眼泪。这是一种真实的、深切的情感，一种值得去仔细品味的情感。这时，我想起了一段文章，已经有好多年没有想起过的一段文章，那是惠特克·钱伯斯的《给我孩子们的信》(*Letter to My Children*)：

> 有一次，我没有给约翰讲催眠故事，而是给他读莎士比亚的文章，这完全是他的要求，因为我从来没有强迫你们读这些文章。我读到了这样的章节：麦克白杀死了邓肯，意识

到了他对自己的灵魂所做的一切，他问道：是否要用这世上所有的水才可以洗去他手上的鲜血，或者说要无数的海洋变成红色才可以洗去他手上的鲜血？这时，约翰的身体不自觉地抽搐了一下。我心里默默地感谢上帝。因为我知道，成人往往为贪婪所困，如果孩子们可以从内心深处感受到对生命和世界的尊敬与敬畏，那么，贝多芬和莎士比亚的创作的最终意义也就实现了。

正是惠特克·钱伯斯，懂得了父母的意义之所在！我已经说过，我所有的建议，都是关于品味快乐的：欢笑的快乐，深情的快乐，理性地理解的快乐，实现创造的快乐。每当我给凯莱读书，碰到一个新思想时，我都会停下来，让她记住，所有的思想，都来自于大众。而我真正想让她记住的，是许多人发现，花时间去追求思想，是非常值得的。

凯莱在一年级的时候，对大陆漂移说产生了浓厚的兴趣。我不太清楚她的这个兴趣来自何处，但是她找了许多关于这方面的书，让人读给她听。一天晚上，在读书的过程中，我停下来，给她强化一种我的标准观点，即个人思想的重要性。我说：“要知道，当我还是个孩子的时候，没人知道这些东西。人们只是在最近才提出这种观点的。”这立刻引起了她的兴趣，她想知道：“最近有多近？”“噢，就在最近。”“在我出生之后吗？”“嗯，不是，在你出生之前，但也不是很久以前。”“在你和妈妈结婚之前吗？”“嗯，差不多吧。”“那时你才十几岁吗？”“我比较肯定，那应该在我十几岁之后。”于是，她陷入了深深的思考，最后，问了一个很清楚的问题：“那是在你十几岁之后，而在你结婚之前吗？”“没错。”我说。于是凯莱接着问道：“那么，那时你有性生活吗？”

我不太清楚6岁大的凯莱对性有一种什么样的认识。我问她，性是什么意思，她带着轻蔑的语气说：“我真不敢相信你不知道什么是性！”于是，我们便不再讨论这个问题。但不管怎样，她确信，在少年和婚姻之间，有一个最佳时期。我希望，在充满欢乐的生活中，她能够领悟到如何扩展这一最佳时期，从各个方面去扩展。我还希望，她能在她父亲已经发现了美的地方找到美好的东西，并且在她父亲忽略的地方也能找到美好的东西。我希望她追求真理。我相信，她一定会做到的。

FAIR PLAY

第6章

经济中的抢劫思维

抢劫酒铺是件坏事，而征收累进所得税就是件好事，至少没有抢劫酒铺坏。这就是一种成见，这里面就存在一种文化偏见。

这是一个“信任”的年代

根据我正在读的一本书上所说，我们生活的时代是一种真正的熟视无睹的时代。开关轻轻一按，我们就确信电灯会被打开，光线会充斥整个房间，我们从来不会停下来想，事情为什么会这样，是如何做到这一切的。我们坐着飞机满天飞，用微波炉做饭，在网上冲浪，但是我们很少懂得使这一切成为可能的技术知识，而且常常也是没有兴趣去了解这些技术知识。

这本书还说，相比之下，我们的祖先，却是他们世界的主人。如果你最先进的成果就是用手工把一块石头在另一块石头上打磨，做成一个锋利的箭头，那么，你就不必担心这种技术会超越你的智力水平。

但是现在情况要糟得多。现在的人，一百个里面没有一个可以说清楚如果用一块石头击打另一块石头，到底会发生什么事，或者说，是什么使一块石头成为一个整体。如果一个人不太懂量子力学的基本原理，那么，当他往一块石头上或者一把椅子上坐时，他不会担心会坐空，这就是一种极大的信任的行为，因为正是量子力学才使椅子成为可能的。你必须承认，20世纪之前，没人知道万物是如何产生的，除非你相信量子力学是在古代非洲创立的，后来又被遗忘了。

你也许会反驳说，理解也是分许多层次的。的确，尼安德特人和同时代的智人一样，根本无法搞懂在亚原子水平上，是什么使物质结合在一起的，但是，在一种更熟悉的范围内，尼安德特人却非常了解事物是如何运转的，根据这些知识，他们也非常了解与之相关的周围的世界。你也许会坚持认为，在这种史前的思维和现代思维之间存在巨大的差异，比如，现代人就认为，头顶上的灯光照明是理所当然的。

你可以坚持这样的观点，但是这种观点是站不住脚的。让我用实验证明给你看。拿一个小树枝，把它折成两段。现在，把这两段放回到一起，放手。为什么这两段树枝没有变回一个整体呢？所有的部分都在，就跟你原来拿来的一样。现在，你把这两段放回到一起，看上去所有部分的位置关系和你原先拿来时是一样的。它们应该变回一个整体的啊。它们现在为什么没有变回一个整体呢？原先使它们成为一个整体的是什么呢？而现在为什么又做不到了呢？

你也许能够回答这个问题，也许不能。如果你无法回答这个问题，那么你对树枝的基本性质的把握就是一种纯粹的、虔诚的信任行为。如果你可以回答这个问题，那么你很可能就是一个很有思想的人，知道是什么使你的灯泡发光的。无论是哪种情况，树枝的问题就和房间里面电流的问题一样神奇，它和其他事情一样，需要人们相信，需要人们认为它是理所当然的。

每个年代，都是一个信任的年代；每个人的一生，都是一系列未经核实的假设。而这些未经核实的假设的总和，被我们称为我们的文化。不愿意去质疑这些假设就被称为文化偏见。当某人意识到某种假设未被证实，于是停下来验证这个假设，这时，就有了进步。 例如，认为电比其他普通事物更神秘或者更缺乏了解的一种成见，就是文化偏见的一个很好的例子。当我以前读的那本书的作者还是个孩子时，就学会了把某些事情认为是理所当然的，直到现在，他仍然故意不对那些事情抱有好奇心。这就是一种警告，警告我们应该仔细考虑，哪些事情我们应该让我们的孩子认为是理所当然的。

让抢劫酒铺合法化？

抢劫酒铺是件坏事，而征收累进所得税就是件好事，至少没有抢劫酒铺坏。这就是一种成见，这里面就存在一种文化偏见。这种成见看上去也许仅仅是一种简单的、一贯的法律信条，但是它的意义远不止于此。在美国的政治传统中，通过游说议员来通过一个更严酷的税法被认为是件好事，而游说议员，使抢劫酒铺合法化就会被大家认为是彻头彻尾的坏事。这两种游说，都是通过一种纯粹的制度内行为来图谋改变法律。而我们的反应却存在如此大的差异，就是因为我们被一种对这种制度太多的忠诚束缚了；同时，我们也被一种文化信念束缚了，这种信念就是：如何恰当地、合法地修正这种制度。

文化信仰是通过教育传递给下一代的。我的女儿在学校中学到，一个人对另一个人的偷盗行为是错误的，但是她却不知道，征税行为本身也是错误的。这种教化的持续影响力是非常强大的。我能肯定凯莱永远不会投票去使直接偷盗合法化，但是我却不太确定她永远不会投票支持增加人们的税收（尽管我希望不会这样。随着凯莱一天天地长大，我会坚持我在她出生时便给自己立下的协议，即便我可以完全控制她的政治观，我也永远不会去试图支配她的道德观）。

改革税收体制是一项远大而光荣的事业。而放弃目前这种难以置信的税收体制将会是一项更加雄心勃勃、更加光荣的计划。要想使这种努力取得成功，就必须在文化信仰领域进行一场革命，而且要将最终的革命成果从小学教育开始一直贯穿下来。奴隶制度的消亡正是如此的，它是被武装力量在短期内消灭了的，但是要彻底消灭这种令人难以置信的制度，还是经过了长期的道义上的争论，通过这种道义上的力量实现的。

那些胆怯的政治家是永远不会赢得这场反对累进税制的斗争的，他们总是在论证（无论他们的论证是多么正确），高水平的边际税率会阻碍经济增长，会限制穷人和中产阶级的一些机遇。如果能赢，就像反对奴隶制的长期斗争获得胜利一样，也是那些具有洞察力和勇气的人的胜利，因为他们会在大众面前宣布，累进税制是错误的。如果人们能够学会对偷窃一家酒铺感到厌恶，那么他们也应该能学会对征“富人”的税感到厌恶。

文化偏见既是理性矛盾的起因，又是它的结果。一般情况下，当两种相互对立的思想都试图去占领一个人的大脑时，它们会相互冲突，直至其中一种思想退却、放弃。但是，当这两种相互对立的思想都伴随着顽固的文化偏见时，任何一个都不会被轻易击败，它们都会永远存在下去，去排斥那些天生的、有独立思想的人，不然，这些独立的思维会繁荣昌盛起来。

大人的教育往往是自相矛盾的

于是，就产生了一件我很关心的事：在星期一的时候，有人教我的女儿说，“擅自处理”是一种恶习；然而，星期二的时候，又有人教她说，在操场上拣垃圾是一种美德。难道拣垃圾不是一种“擅自处理”的具体表现吗？我们有法律来禁止乱扔垃圾，我们有相应的部门去执行这些法律。但是，在我女儿的学校，那些四年级的义务警员可以说是篡夺了那些执法部门的权位，他们拿起垃圾袋，就立刻开始整顿操场秩序了。

当然，尽管有星期一那样的课，这些义务警员还是一种善意的力量。事实上，如果我们提到的法律是良性的，那么，擅自处理，即自己掌握法律的行为就几乎总是一种令人赞赏的行为了。如果你想去执行一项法律，那么，当人们义务为你去执行它时，你怎么会反对呢？

我估计，之所以有星期一那样的课，其起因是恐惧，是害怕授予了一些坏孩子某种许可，去自由执行法律，这样，他们就会认为这种许可可以是非常宽泛、非常自私自利的了。但是，这种情况是绝不被允许出现的。在一般情况下，坏孩子们是想干什么就会去干什么的，无论有没有许可。我更担心的是那些好孩子，他们更容易接受道义的说服。我想让那些孩子知道，应该反对有害的法律，支持正确的法律，他们在这两方面给予的协助，都会得到人们的赏识。

更重要的是，我想让孩子们知道，一遍遍地背诵你并不以为然的话，是一种应该避免沾染的坏习惯。我们应该去努力追求一种智力上的连贯性、理性上的一致性，这些，与那些设计好了来替代人的思想的口号是无法共存的。因此，我认为，当有人怂恿孩子们相信言行不一时，我们应该感到忧虑。

学校教育凯莱说，所有的濒危物种都应该得到保护，但是，他们又教育凯莱，应该消灭艾滋病毒。在凯莱上三年级的时候，她的老师要她自选一种濒危物种写一篇报告，于是，我鼓励她选艾滋病毒（但是我没有成功）。艾滋病毒也许是目前为止唯一一种未受到威胁的物种。我们想消灭这种病毒，是因为它的存在给它的受害者带来了难以接受的损失。原则上说，这和消灭雪没有什么区别，因为雪对木材的生产者和消费者带来了无法估量的损失。也可以说应该消灭海牛，因为它给亚马逊盆地的开发者带来了难以估量的损失。像这样的说法，有的是正确的，有的是错误的。要辨别真伪，就特别需要对特定的情况进行一种彻底的、毫无偏见的调查。像“所有的濒危物种都应该得到保护”这样空泛的说法，既愚蠢可笑，又毫无用处。因为这些说法是在反复灌输一种思维习惯，即以偏见代替分析，所以是非常危险的。

凯莱受到的教育是，努力工作是一种美德，勤俭节约也是一种美德，但从来没有想过，对大多数人来说，努力工作的唯一正当理由就是不必再去事事节约。

课堂上反复强调努力工作、勤俭节约使我不禁想知道，对于那些老师来说，生活究竟应该是什么样子的？如果一个学生对他们的建议太当回事，那就一定会犯那种腰缠万贯入土的错误。

很快，凯莱就要受到这样的告诫了：对青少年来说，性行为不是件好事。但是，她同时也会受到如何避免这种行为后果的训练，即进行安全的性行为。与此同时，老师也会告诫她，青少年犯罪不是件好事，但是学校却没有提供“安全犯罪”的培训（当然，进行犯罪是一种不好的想法，但是如果你确实选择了抢劫他人，那就一定要戴上面具，永远不要使用不必要的暴力，因为那会使一项轻罪上升为一件重罪），也没人会给她解释这其中的差异。

为什么校方教学生安全的性行为而不教安全的犯罪行为，这里肯定有某些原因。也许他们认为学生更可能在性行为方面比较活跃，而非犯罪行为方面。或者说，无论他们是如何给学生们讲授的，实际上他们认为性行为并不总是件坏事。如果他们确实这么认为，我就希望他们应该诚实地面对性问题，而不是总想着在这个问题上把我的女儿吓得半死。

通过教育，凯莱长大了，她学到了很多东西。其中，就有许多基本的行为规范，但是，这些行为规范在具体应用中，从来就没有发挥过作用。大人们常常对某些事很有信心，扬扬自得，但是，如果仔细审视这些信心，就会发现他们常常是明显的自相矛盾，因为这些信心不是经过严格的逻辑判断得来的，而仅仅只是根据他们自己的喜好得来的。根据我粗略的调查，有 80% 的父母认为，他们可以对自己孩子的价值观施以强有力的影响，但是，他们自己却认为，自己的父母对自己的价值观没有什么影响！

一边多花钱，一边多储蓄？

如果有人说："我已经在努力地找工作了，都找了好几个月了，但是没有人愿意雇我。我走投无路，只好去偷盗。"大多数人会对这样的人产生一种本能的同情。如果有人说："我已经努力了好几个月了，想和一个姑娘约会，但是没有哪个姑娘愿意和我出去约会，走投无路之下，我只好去强奸了。"同样的情况下，他们只会对后者表示轻蔑。从这两种并列的观点中，我们应该得到一些教训。我想，好的教训应该是，我们对窃贼的同情是被误导的。我们还可能得到其他一些更新奇的教训。但是，有这么多的人在设法同时持有这两种观点，却没有任何迫切的愿望去把它们协调一致起来，我对此感到非常吃惊。

我经常听到这样的事：那些反对合法堕胎的人，就必须承担收留、抚养无家可归的孩子的义务。但是我从来没有听说过，那些反对死刑的人，就必须承担收留被判无期徒刑的杀人犯的义务。为什么这样的双重标准不但被接受了，而且还被非常满意地接受了，甚至没有对它们进行任何评论？

还有，那些支持越南战争，却在当时逃避兵役的政客，都遭到了猛烈的抨击，说他们虚伪。按这个标准，任何支持拣垃圾、却从来没有当过清洁工的政客，任何支持艾滋病研究、却从来没有在艾滋病研究实验室里工作过的政客，任何想提供生产力、却从来没有开过厂的政客，都可以被称为“伪君子”了。但是没人会很严肃认真地赞同这样的立场，这成了一般规律。那么，为什么服兵役这个问题却没有遵循这个一般规律呢？

通过听广播，我判断，目前我们的宏观经济面临的两大问题：第一，人们消费太少；第二，人们储蓄不足。对于这两种担心，那些评论家甚至在同一次评论中都会涉及，他们好像一点儿都不感到窘迫！我真是奇怪，他们怎么能让人们在多花钱的同时增加储蓄！

我还读到过这样的评论：我们应该对大学生进行补助，使大学毕业生的收入高于高中毕业生，而高收入就意味着高税收。当然，有工作的人肯定比失业的人挣得多，因此，根据这个逻辑，我猜想，我们应该给每一个企业发放补助，哪怕它只有一个雇员。但是这个逻辑好像从来都无法成立。

当鲍勃·多尔参议员辞职的时候，他发出了一个响亮的号召，号召建立一个更加小型化的政府，并且施行一系列他引以为傲的立法成就，但是，这些立法中的每一项都是在扩大政府的规模和管辖范围！这样看来，多尔或者是在他的政治哲学方面撒谎，或者是在他引以为傲的事情上撒谎，也可能是他原本负责过滤不合逻辑事物的那部分大脑出问题，停止工作了。但是，他的听众并没有注意到这些，和原来一样，他们已经习惯了这种现代的传统，即政治演说原本就不必有什么意义。

从那时起，多尔就把这两种同时缩减政府和扩大政府的誓言提升到他竞选运动的双重核心地位，以致从来没人对此产生过疑问，这对我来说简直可笑之至。例如，在辩论中，任何一个有见地的主持人都可以把这样一个问题作为首要问题提出来："多尔参议员，你说你和你的对手的区别就是，你想建立一个更小型化的政府，而你的对手希望有一个更大的政府。但与此同时，你说你在参议院的时候，最引以为傲的成就之中包括制定了《美国残疾人法案》、《空气清洁法案》和《公民权利法案》（1991 年）等。先抛开这些立法的好与坏不说，似乎毫无疑问，这些立法都会扩大政府的规模。你对任何缩减政府规模的成就都会感到骄傲，是吗？如果是这样，那么，为什么你从不谈谈这些法案呢？如果不是这样，那你怎么能说在这个问题上，你和克林顿总统有着原则性的差异呢？”

我已经等了好长的时间，希望有人能提出这样的问题。其实，在很早之前，就该有人向布什总统提出这样的问题。

用市场解决一切问题

一次，我正和我的女儿在树林里散步。她停下来去闻花香，我就在她前面几步远，因此，我首先发现了一个水塘。“凯莱，过来看！”我的声音在空气中激起了一阵扰动，声波向外传播，传到了我女儿的耳朵里。她跑着过来了。于是，我俩轮流捡小石子往水塘里扔。每个石子都在水中激起层层涟漪，水波向外扩散，一直到水塘的岸边。每个波纹后都紧跟着另一个波纹，只是微微小一些而已，一个接着一个，无穷无尽似的。

每个曾经往水塘里扔石头的人都想知道，为什么这个世界听起来不像瓦格纳的歌剧一样。每一个声音的声波也是多重的，一个波接着一个波，只是一个比一个微弱一些。那么，为什么每个声音我们只听到一次，而其他那些本应带给我们耳朵声音的声波都到哪里去了呢？甚至在我最勤于思考的时候，我也从来没有问过这样的问题，直到某个已经知道问题答案的人问起了我，当时我已经快 30 岁了（现在，我已经知道这个问题的答案了，但是，如果不事先简短讲解一下微分方程，我还是不太有把握来解释这个问题。它跟这样的情况有关，即大气是一个奇数维的空间，为三维，水塘的表面是一个偶数维的空间，即二维。如果我们生活在一个四维、六维或者八维的空间里，每次我们听到一个声音时，我们就会接收到许多"波"）。现在我已经 40 多岁了，这个问题来得如此自然，而我没有去问这个问题就显得如此令人费解，我感到我好像是在一种昏迷状态下度过我的二十几岁的。

但是，在孩子们和大人们之中，这种简单的好奇心比你想象的还要少。凯莱对波纹和声波都懂，但是就从来没有问过我为什么任何声音每次只能听到一次。为什么夜晚的天空是黑色的而白天的天空是蓝色的，只有哈勃和爱因斯坦在深入地探究这个问题，也正是他们超凡的好奇心，引发了科学史上许多伟大的事件。在我的经验中，所有的孩子（包括许多大人），都把一件宇宙中（至少是人类思维的）意义最为深远的谜当作理所当然的事情，即一种令人惊讶的不对称性，我们可以记住过去，却无法记住未来。

我曾经遇到过一位快退休的家事法庭的法官。他对他职业生涯中处理过的关于孤儿和弃儿的案件进行了一番思考，从中得出了这样一个结论，即收养几乎都是错误的解决方案。几十年的经验告诉他，和由亲生父母抚养的孩子相比，收养的孩子在上学方面、法律方面、交际方面以及事业方面，都会遇到多得多的麻烦。我曾经问过这位法官，是否在收养的孩子和孤儿以及没有被收养的弃儿之间，没有太多的可比性。他说，他以前从来没有考虑过这个问题，现在，在有生之年，需要重新思考一下这些问题了。现在，人们可能坚持认为，这种特殊的法官太愚蠢了，不能被看作是职业法官的代表，也许也不能代表这一类职业。事实上，我也曾经赞同这种观点。于是，我把这个事件记下来，作为对自己的一个提醒，即人们是多么容易接受一种观念，然后就会去坚持这种观念，而且从不愿意再去对它进行哪怕是一丁点儿的思考（但是，我很想知道，如果这个法官的判决会对他所关爱的人产生影响，而非陌生人，他是否会事先考虑得更仔细些呢）。

说起法官，我曾经看过一个美国公共广播公司的谈话节目，是关于如何选择病人参加药物实验研究的。参加谈话的人，来自各行各业，其中包括最高法院的法官安东尼·斯卡利亚，该谈话号称代表了各种意见和观点。现在，在我看来，很清楚，在这个问题上，人们基本上可以采取两种立场：或者允许病人自己选择治疗方法（根据实验者自己的意愿），或者允许其他人给病人选择治疗方法。谈话的结果中，一个小小的失望就是，每个参与者，包括斯卡利亚法官，都选择了第二种立场。最让人失望的是，没有一个参与者，包括斯卡利亚法官，看上去认识到了第一种立场也是可行的。他们都想当然地认为，会有某个管理者参与进来，他不会让病人参与这个药物实验研究；每个论谈的参与者都非常卖力地论证这样的观点，即这个管理者应该采取某套参与实验研究的标准；但是，没有一个论谈的参与者意识到（哪怕是一丁点儿的），在这个他们都一致认同的基本问题中，到底有没有任何管理者可以扮演的角色。就我个人而言，如果我面临这样的问题，我会首先设定一些合理的价格。如果有太多的病人想试一试新药，那么就向他们收费，或者付钱给他们，让他们不要参与这种实验研究。如果没有足够的病人参与这种新药的实验研究，那么就付钱给那些参加实验研究的对象。如果一些病人比其他病人更适合这种实验，那么就给不同的病人设定不同的价格，让市场去发挥它的作用。

你也许喜欢这个方案，也许不喜欢。但是我这里关注的不是这个方案的优点，而是一种思想倾向，这种倾向使得斯卡利亚法官和那些一起参加谈话的人根本忘记了这种方案的可行性。他们设想出了自己的结论，即在这种情况下，只有一个官吏能够分配资源，然后，他们便就这个结论的细节问题开始诡辩。他们都完全受到了一种有害的文化偏见的支配，这种偏见使得美国人认为，任何真正重要的社会问题当然而且必须在市场之外得到解决。他们从来就没有想过去质疑这种偏见，因为他们完全丧失了好奇心。

最低工资伤害了谁？

我想举一个引申的例子，是关于如果不去质疑那些根深蒂固的文化偏见，将会如何导致在公共政策方面产生错误判断。我们来谈谈最低工资的问题。

标准的保守派，反对最低工资制的理由有以下几点：最低工资制度会在非熟练工人中间产生失业问题；最低工资制度正好伤害了那些应该得到帮助的人群；因此最低工资制度不是个好制度。我想逐项地、仔细地审查一下这种论点，同时考虑一下文化偏见的问题和一些未经权衡过的假设。

首先，我确信，最低工资制度的确引起了实际上的失业问题。虽然在 1994 年，一群普林斯顿的经济学家进行了一系列的研究，对这个问题提出了一些疑问，但我还是对这个观点非常有信心。他们的一项最为世人所称道的研究成果，就是他们仔细调查了 1990—1991 年的新泽西州的快餐业，他们发现，在提高了最低工资标准后，对就业基本没有什么影响。

这项研究的批评者提出了许多反对意见。例如，这些普林斯顿的经济学家是通过电话采访来收集一些雇员的数据的，他们只是获得了这些数据的一些表面价值。后来，其他一些研究者仔细调查了实际的工资记录，发现雇员们在电话上所说的和他们工作记录上所显示的有许多非常重要的差别。

在这一点及其他一些方面，这个普林斯顿的经济学家小组受到了许多批评，他们也对这些批评做出了一些反应，于是，又有许多人对他们的反应又做出了反应。这种行为是非常可贵的，因为这样可以学到许多东西。但是，这些行为不应该掩盖更重要的一点，即每一本标准的经济学教科书都会提供大量理由充分的论据，让人们相信，最低工资制度会导致失业，没有多少研究成果可以用来战胜这个构建得非常完备的理论和论据体系。这也不是说未来的研究就毫无意义了，原则上，很可能在未来的某一天，会出现大量像普林斯顿这样的研究成果，促使我们对这个问题进行重新估量。仅仅对新泽西州快餐业这种单一情况的观察，并不能成为让我们去抛弃所有关于最低工资制度的观点的一种合适的理由，这就好比仅仅观察了一个氦气球，并不足以成为我们抛弃所有重力理论的理由。

这个观点的第二点是说，因为最低工资制度使人们失业，因此对工人来说，它一定不是个好制度。这是一种逻辑跳跃行为。要记住，我们正在讨论的是可得到最低工资的工作问题。丢掉一个毫无价值的工作，也许比维持它要好得多。与此同时，许多拿最低工资的工人却在想方设法维持他们的工作，估计他们对自己的最低工资感到很满意。

正确的思维方式是，把自己放在那些工人的位置来思考问题，问自己，是否希望提高最低工资。例如，假设最低工资提高10%，就会产生10%的可能性使你失业。我想，也许你会认为这是一次不错的赌局。你有九成的胜算，唯一输掉的是一份毫无价值的工作。

如果这些拿最低工资的工人真正理解了这种成败的可能性，他们或许愿意，也或许不愿意提高最低工资。对于一个合格的经济学研究生来说，他已经了解了一些关于这种成败的可能性的真实数据，懂得从众所周知的人们愿意赌博的心理出发进行推测，不用费很大的力气，就可以用这样或那样的方式，弄出一套颇令人心悦诚服的论据来。但是在任何情况下，保守派在这方面都是不诚实的（也许不是有意的），他们都会故意说，很显然，最低工资制度“伤害了那些应该得到帮助的人”。

以上这些削弱了前面提到的观点的第二层意思，使之很难进入第三层观点，即最低工资制度不是一个好的制度。如果想得到这个结论，我们就必须走一条完全不同的论证道路。

找到这条道路并不难。假设你是一个小企业主，有10个全职、拿最低工资的工人。如果最低工资增加50美分，那么你一年就要多花1万美元。这和增加1万美元的税没有什么区别，而且你还不会得到任何新的政府服务来作为补偿。

对于一小部分人来说（企业主），增加最低工资就好比是大幅增加税款一样，所有支付出去的收益，和支付给员工福利的意义是一样的。如果要通过一个增加税收和开支的方案，而且把它的强制性给大家解释清楚，我想所有的投票者都会犹豫的。但是，如果把这个方案掩饰成一个增加最低工资的方案，那么，甚至在一个共和党把持的议会中，也会获得顺利通过。

根据市场情况，企业主最终可以通过提高价格[1]来把那种税收增长的一部分转嫁给消费者，而且这一部分的比例甚至可以高达100%（虽然不太可能），在这种情况下，企业主在对付最低工资的增长中，就成了纯赢家。（给经济学专业的学生的一道练习题：准确判定，在何种情况下，以上那种情形可能发生？）但是，尽管这样，税收的武断性和繁重性都没有任何的改变，这只是意味着，另一小部分人，即消费者，正在承担这种武断而繁重的税收的一部分。

通过这样的观察，我们就有了充足的理由来反对最低工资制。但是，保守派仍然不愿意放弃这些貌似强大的理论，他们宁愿死死抱住这种令人怀疑的观点不放，即最低工资制度对工人有所伤害，并以此来假扮成工人阶级的捍卫者。他们这样做，是考虑到一种致命的文化偏见，根据这种文化偏见，那些维护工人的利益，

① 企业主在这方面是无能为力的，他们受制于一些他们无法控制的因素。如果快餐消费者可以非常方便地冷冻食品，那么，快餐食品的价格就不会上涨得那么快了。

甚至是想象中的利益的人，都比那些维护消费者和企业主真实、合法利益的人更富有同情心。

我在脑海中勾画了一种有原则性的、受人欢迎的保守主义者，他是所有受压迫者的捍卫者，当然，这些受压迫者还要包括那些被挑出来负担政府义务的人。这种保守主义的代表们将会认识到并揭示出某种不合理的现象，即让一小部分美国人去为整个经济体系的收入再分配方案买单。他们会毫不犹豫地坚持认为，如果政府要命令对低收入的工人进行施舍，政府就应该明确地对它这种方案进行补偿，比如用一种更广泛、更合理的税收来进行答谢和补偿。

这些保守主义者要想在这些方面取得成功，他们就需要在人们的心态方面进行一场实质性的革命，但这种革命并不是没有先例的。在革命的规模上，要推翻人们那种19世纪的观念，比如要进行一次家庭野餐会，就要等到大家都这么做了才可以。这场新型的革命要以建立一种20世纪的观念为目的，即应该视你的职业、收入或社会地位而要求平等的纳税待遇权，一旦你决定要为自己做生意了，这种权利也就随之消失，不存在了。

在这些零零星星的对革命的渴望中，充满了政治上的花言巧语，它们尽力迎合“普通人”的兴趣，就好像要想获得合法的利益，前提条件就是要成为一个普通人；或者说对于是普通人的第三者，我们应该更加关心其公平待遇问题，而对于不是普通人的第三者，我们就可以不必关心其公平待遇问题了。这些观点在我们的政治文化中是如此根深蒂固，以至于我们很容易忽视它们的丑恶。我想，在美好的未来，这些观点就会像一个野餐会上的吊死鬼一样不受欢迎。

培养敢于探究真理的孩子

当凯莱开始在我们当地的犹太教革新派教堂参加主日学校时，我注意到有一个班的学生的作业是写一篇小短文，开头必须是"要做得更像上帝一样，我就要……"。最佳作文都被贴在一块黑板上，它们的开头几乎都是这样的："要做得更像上帝一样，我就要循环利用废弃物。""要做得更像上帝一样，我就要好好对待动物。"真希望凯莱的班也会有同样的作业，我曾经和她讨论过她有可能写什么。我建议她写"要做得更像上帝一样，我就会杀死我敌人的长子"。凯莱不喜欢这样的题目，因此我们商量了一会儿，最后确定的题目如下："要做得更像上帝一样，我会努力去实现对整个世界的统治！"①

---

① 顺便说一句，这是一种绝对的犹太教革新派的观点。五年级学生在走廊的墙上办了一个"大屠杀纪念艺术展"，上面有个横幅写着：消灭纳粹！我无法指责这种情感。

知识分子的自满是一种疾病，陈词滥调就是病源，而不敬的心境就是这种疾病的疫苗。我希望培养一个孩子，让他敢于嘲笑上帝的意愿，这样他就会发现，去嘲笑那些知识分子、政客、教师、法官、记者和经济学家等都是很自然的事，因为他们已经失去了怀疑的能力，取而代之的是他们的文化偶像。

当然，不敬还不够。看穿一个错误的知识概念，只是在为了以新的概念取代它的过程中迈出的第一步。我要让我的女儿懂得，扩大人类的知识领域是一项光荣而艰巨的任务，她一定能为之做出贡献，而这项任务的第一步，就是要在探究真理的道路上，把自己的思想从偏见中解放出来。

FAIR PLAY

第7章

不公平的合法制度

为什么一个一年只挣1.8万美元的出租汽车司机，却要比从前的奴隶承担更多的义务呢？他们一生都在负担着由于通货膨胀而不断上涨的物价，以此支撑制造业工人的工资，而那些制造业工人的工资是他们的两倍！

我们该补偿奴隶主？

毫无疑问，自由贸易对大多数美国人来说是件好事，但是，也必须承认，对有些美国人来说，这并不是件好事。因此，对于那些精通经济学的自由主义者来说，他们共同的观点就是："从自由贸易中所得到的东西是如此美妙，以至于让人无法抗拒，但是，赢家至少应该和输家分享他的好运。"

因此，随着北美自由贸易协定（NAFTA）的通过，迈克尔·金斯利在《新共和》（*The New Republic*）中写道："如果有一个美国人，每小时的工资是16美元，但是他却失业了，该工作岗位被一个墨西哥人抢了去，因为墨西哥人的工资只有每小时3美元。这时，公平和政治上的审慎就要发挥作用了，即美国人将会因他的损失而得到补偿。”

说到政治上的审慎，金斯利也许是对的。但是，说到公平，它所发挥的作用也许恰恰是不公平的。这里，我们所说的这个美国人，终日因某件事向我们收费16美元，但是，这件事我们本来只应付费3美元的。因此，真正的公平应该是这样规定的，那些因保护主义而获利的美国人，应该补偿他们的广大同胞，因为正是这些同胞们替他们承担了损失。

我和迈克尔·金斯利一样，都有一种追求公平的激情，在这种激情的促使下，我想提供一个政策建议。我建议，对于所有因北美自由贸易协议和其他自由贸易协议的实行而失业的美国人，美国财政部应该没收一部分他们的资产，因为他们已经成了社会的寄生虫。收益可以用来资助一项综合性的减税计划。

保护主义使得那些每小时得到16美元工资的工人通过某种决定来剥削消费者，这种决定是完全合法的，但又是完全不公平的。因此，这种决定是让人厌恶的，就跟合法的奴隶制一样令人厌恶，当然它们的程度还是不一样的。当奴隶制被消灭后，公平又意味着什么呢？根据金斯利提议的逻辑，我们应该补偿从前的奴隶主，但是，根据我提出的相对建议的逻辑，我们应该对从前的奴隶进行补偿。

金斯利的观点不是没有先例的。在 18 世纪后期，当美国北部各州废除了奴隶制后，一般采取的措施是，为了公平起见，从前的奴隶应该对他们前主人的损失进行赔偿。

过了 70 年和一场内战后，再也没有人认真提过对南方的前奴隶主进行赔偿的事了。这部分是因为奴隶主们在军事上遭到了毁灭性的打击，再也无法有效地推行他们的主张。同时，这也是因为国家的道德意识有了一定的发展，因而奴隶制被广泛认为是一种错误的制度。那些奴隶主的利润都是不公平的、剥削来的，没人认为必须向他们的损失提供补偿[①]。

现在，我们的道德意识得到了进一步的发展。在上流社会，还有人认为，白人，即便他们的祖先没有从奴隶身上得到什么利益，也应该把一些收入转让给黑人，因为他们的祖先遭受了苦难。但是，任何有理智的人都不会建议，现在的黑人应该把一些收入转让给白人，因为这些白人的祖先在 1863 年失去了奴隶，遭到了损失。如果你在一个鸡尾酒会上提这样的建议，那么你就永远不会再收到这样的酒会邀请了。

与此相比，在同样一场酒会上的另一个客人就不会遭此厄运，

① 在林肯任期的前期，他赞成对解放了奴隶的奴隶主进行补偿，但这也是出于实用政治学，而不是从道义上来讲必须这样。甚至当他签署了补偿令后，他也没打算让奴隶们来付这笔钱。

因为他公开鼓吹对职业再培训计划进行财政支持。可怜的消费者刚刚因为关贸总协定和北美自由贸易协定的签订而稍稍摆脱了一些保护主义者的奴役，但这些职业再培训计划却要饱受折磨的消费者去继续支援那些曾经剥削过他们的失业工人。

下次参加鸡尾酒会，如果你的同伴在你的耳边喋喋不休地同情失业工人，那么你就问问他，是不是应该给内战后的种植园主制订一个职业再培训计划，是不是应该让刚刚解放的奴隶来给这项计划埋单。当他满脸震惊的时候，问问他，为什么一个一年只挣 1.8 万美元的出租汽车司机，却要比从前的奴隶承担更多的义务呢？要知道，他们一生都在负担着因通货膨胀而不断上涨的物价，以此来支撑那些制造业工人的收入，而那些制造业工人的工资是他们的两倍！

酒会上客人们的这种偏见，反映了一种对消费者欠考虑的蔑视，一种很时髦的做法就是打击美国的副总统，让他灰心丧气。阿尔·戈尔曾经和罗斯·佩罗进行了非常重要的辩论，戈尔在为北美自由贸易协定辩护时，甚至不敢提那个好像不太好听的词“消费者”。相反，他在佩罗的势力范围内与之纠缠（简直令人难以置信），他争辩说，自由贸易会为佩罗试图保护的产业工人带来利益。听着戈尔的辩论，我的脑海中浮现出一个 18 世纪缩手缩脚的废奴主义者的形象：不愿意公开维护自己的事业，只是小心翼翼地反对奴隶制，理由是自由劳工制度可能对种植园主更好。在这场辩论中，消费者权益这个极大的优势却完全没有被利用起来，而这正是戈尔最能吸引选民的地方。

金斯利和戈尔一伙人等应该记住，我们建立市场的原因是为了促进消费。生产只是达到这个目的的一种手段，生产者的存在就是为了服务消费者。在市场经济条件下，生产者的谋利动机通常是为消费者的利益服务的，因此，应该加以鼓励。但是，如果生产者想在市场体系以外行事，达到某种目的，如游说议员，寻求保护，避免来自国外的竞争，或者说把交纳贡税作为繁荣贸易的条件，那么，他们的行为就没有什么社会意义了，就不应该得到任何回报。

别拿“公平”当幌子

再征收税款使我的财产税增加了 40%，而我的邻居却安然无恙地避过了这次增税。这使我对这种不公平做法做了一些考虑不周的评论。我的邻居说：“没错，是不公平。很显然，在过去 15 年，你一直没有付够你应付的那一份。你应该捐上一大笔款子，对市财政进行补偿！”

税收负担是否应该和财产价值挂钩呢？先把这个大难题放在

一边，我必须赞成邻居的观点。现实中没有什么是完全公平的，也没有什么变化是完全不公平的。暂且称之为老祖父谬误吧，这是一种关于公平的修辞学上的花招，意思是享有一些特权，使自己免受新的法律的限制，就像我报的低税额，或者说像一个工会会员所受到的保护，这种保护使之免受国外竞争的威胁。甚至从一开始，这些特权就是不公平的，然而就是因为它们已经存在了很长时间，所以它们仍然被看成是一种道义上的权利。但是，这也是惰性的秘诀，因为这意味着，如果有任何人试图从源头上纠正一种现存的不公平现象，最终都会被攻击为对其自身权利的不公平。根据这种老祖父谬误，我的税额永远不能提高，工会工人的工资永远不能降低。

道义问题在游戏场上总是表现得最清楚的。如果有个恶棍在学校欺凌弱小，勒索同学的午餐钱，被抓住后，被命令改过自新，我们不会认为剥夺了他传统的收入来源是一种不公平的行为。没有任何人，甚至是这个恶棍自己的老祖父，会支持这种发生在学校的老祖父谬误式的行为。

同时，也没有任何人会这样认为：这个恶棍是被误导了，以为允许他永远统治这个学校，于是，他就把自己训练得非常具有威胁性；如果他知道他的统治将会发生改变，他就会让自己变得更加友善一些，因此，他就不必受到谴责，不必去赔偿他的受害者。但是，如果这个恶棍的事不是发生在校园，而是发生在一个工厂，而且最重要的是，如果他有选举权，那么，政治家们就会卑躬屈膝地跑来，像老祖父一样地溺爱他了。

我要提倡的是一种零基数预算法，这也是公平的另一种说法。零基数预算法是一种公司管理方法，它要求公司的每个部门每年从一开始就为其所有开销提出正当理由。而传统上，与零基数预算法相对的一种管理方法是，认为每个部门都会有一个和上一年非常类似的预算。就像那种老祖父谬误一样，传统的预算法把现实当作一个自然的起点。

采用这种零基数的方法做到公平，意味着认清一项政策制定得是否公平，并不是根据这项政策是改善了一个人的前途，还是毁了一个人的前途，而是要根据它是否与某个绝对的道义标准相一致。我们也许对那个绝对的道义标准是什么样的有不同的看法，但是我们这种解决分歧的尝试比起一贯认为“我有权享受农业补贴，因为它从我可以记事起就有了”这种态度要更有教育意义。那么，如果对福利制度进行改革，损害了最需要这种制度的人的利益，这样做公平吗？这个问题问得不对。公平的概念牵涉的不是变革救济金的问题，而是救济金水平的问题。传统的行事方法会使我们问这样的问题：福利救济金是应该增长还是下降？而零基数的方法要求我们直接转到这样的问题：福利救济金的合理水平应该是多少？这个问题的答案应该是一个数字，而不是像“少一些”或者“多一些”这样的词。

福利救济金的合理水平应该是多少？这是一个很难回答的问题。但是，如果所有对福利救济金的削减行为都遭到指责，这种行为是不道德的，那也就是认为这个关键的问题根本就不值得问。如果对所有的削减行为都持一种自发的反对态度，那也就意味着要维持现状，原因也仅仅是因为它是现状。

有一个很严重的错误，是说因为某事是好事，所以它应该多多益善。其实正确的应该是这样的，因为某个事物很好，我们应该拥有很多（当然，除非它很昂贵），但是“很多”并不是说多多益善。无论你喜爱的东西多么称心如意，太多了也会受不了的。

因此，如果有人对你说，政府应该在福利方面投入更多的资金（或者在艾滋病研究方面、学生贷款方面、战略导弹防御系统方面等），这里我给你提供一种检测方法，就像石蕊实验一样，可以测定他是否已经沦为老祖父谬误的受害者：问问他，政府现在已经在这个领域投入了多少资金？如果他不知道目前的资金投入水平，他又怎么可能知道是投入得太多了还是太少了呢？

在处理像租金管制、失业救济金以及反托拉斯政策等多种多样的问题方面，常常缺乏一种零基数推理法，留下了一个知识的真空，于是，像老祖父谬误这样的东西就会冲进来填补这个真空。

纽约的政客们讨论过“逐步取消”租金管制的问题，这样一来，房客们就能够逐步自我调整，来适应市场规律。但是，如果租金管制已经首先使房客得到了不公平的利益，那么，让管制继续存在就毫无公平可言了。如果公平是问题的要点，那么，这种租金管制制度就应该被毫不犹豫、毫不拖延地废除，而且即使到那时，房客们也应该感到庆幸，因为我们不会再跟在他们后面要账了。实际上，他们拖欠租金的原因是不同的，或者是因为市场价格的公平问题，或者是他们的真实收入问题。逐步取消租金管制，就好像是想要惩罚一个偷车贼，惩罚的方法是：让他开着偷来的车，每天少跑几英里！

逐步取消的鼓吹者们也许会回答说，他们的动机不是公平，而是实用主义，即一种对政治可行性的判断。但是在我看来，这些关于公平和实用主义的讨论经常被老祖父谬误搞乱。就拿失业救济金问题来举例吧。人们总是说要公平就要提高救济金的水平，而实用主义者就会给这些救济金设一个上限，对于这些说法，我已经听腻了。但事实却几乎是相反的：实用主义正是我们首先获得高额救济金的原因，实用主义是对政治压力的一种妥协和投降。布什一次次地提高救济金的水平，可以算是一个美国现代政治上最佳的投降主义者。完全取消救济金将会是实用主义和公平之间的一种妥协行为；而纯粹的公平要求就更多了，它甚至会要求那些当别人在工作，而他们在吃白饭的人做出赔偿来。

有一种比较极端的老祖父谬误甚至影响到了反托拉斯法律领域，当时，有一些公司的合并计划被禁止了，因为它们的合并可能引起价格上涨（损害了消费者的利益），而另一些公司的合并计划被禁止却是因为它们的合并可能引起价格下跌（损害了竞争者的利益）。总体上看，反托拉斯法的基本原理就是：不允许改变任何价格；取而代之的，是要市场停止活动，服从现状。原因是现状就是现状。这就是老祖父谬误的本质。

三年一变的税率谁受得了？

说到税收政策，老祖父谬误在其中就显得尤其阴险有害了。1990年，国会的民主党人认为，要做到公平，就要求最高边际税率为31%。他们实现了他们的要求，而到了1993年，他们又说，要做到公平，就要求最高边际税率为39.6%！在此期间发生了什么变化呢？要做到真正的公平，我们应该阻止累进税率的下降，要让他们一次性地告诉我们，他们到底认为什么样的税率表才是一个公平的税率表，而不能让他们每三年就改一次主意。

共和党人也不再是前后一致了。1990年，纽特·金里奇告诉我们，他更喜欢里根的税法，而不喜欢布什的税法；1993年，他又告诉我们，他更喜欢布什的税法，而不喜欢克林顿的税法。到了 1995 年，共和党接管了国会，金里奇显然改变了主意，因为他没有采取任何行动去采用布什或者克林顿的税制。现状已经改变了，但是绝对意义上的对错标准应该没有什么改变，不论是现在的，还是 1990 年的。

事实上，如果老布什和克林顿的增税是不公平的，就像许多共和党人曾经主张的那样，这些共和党人就应该不但废止这些增税，而且应该使税制退回到 1990 年时的税制。另一方面，如果民主党人的确认为，在整个 20 世纪 80 年代，富人们都缴税不足，那么，他们就应该使税率增加到 1979 年的水平。

我希望每个人都记住一种关于税制的公平性的见解，并且始终如一地支持这种见解。我先来举一个很好的例子：我认为，如果接受的都是大体上相同的政府服务，而一个人比另一个人缴的税多，那么，这种税就是不公平的。这也就意味着，那种具有欺骗性的“单一税率”，几乎肯定因为其过分的累进性而成为一种不公平的税制了。因为在这种税制下，每个人都要上缴一定比例的收入，而这个比例对所有人都是一样的（这和每个人都上缴一定数量的美元是不一样的，并不是像“单一”这个字面所表达的意思）。我要给单一税制设一个上限，这样，就不会有人付五倍于平均税额的重税了。

如果你有其他关于公平的观点，很好，告诉我你的观点。但是，如果你对我说，现在的税制一直就没有实现充分累进，那么，你就成了老祖父谬误的受害者了。理智上的诚实是需要前后更加一致的承诺的。

FAIR PLAY

第8章

不对称，不公平

孩子们懂得什么是不公平。无论何时，只要他们看见，他们就知道这一点，你可以信赖他们的看法，使你对这种不公平引起注意。

问问孩子："公平吗？"

著名语言学家诺姆·乔姆斯基说，孩子天生就懂得一些语法的普遍规律，这些东西就好像是在娘胎里就输入了他们的大脑一样。根据乔姆斯基的理论，一个孩子要学说话，就要把这些普遍规律翻译成为一门特定语言的语法规律。这种理论在乔姆斯基这样的语言学家们之间也许存在争论，但是它对我来说，很有意义。例如，我相信每个婴儿的大脑里都有某种关于"那不公平"的普遍看法，它只是在那里等待着，等着被翻译成一种父母们可以理解的语言。

孩子们懂得什么是不公平。无论何时，只要他们看见，他们就知道这一点，你可以信赖他们的看法，使你对这种不公平引起注意。相反，经济学家却认为，公平和不公平是非常微妙的、难以捉摸的概念，定义它们就很难，认识它们就更难了。

因此，我们创立了一个经济学的分支，叫“公理化议价理论”，这种理论可以用来解决什么是公平的问题。它的研究策略是这样的：首先，提出一个准确、正规的公平的定义（通常是用数学语言提出的），然后虚构出某些高度程式化的场景（假设杰克有两个苹果、三个橘子，而吉尔有三个苹果、两个橘子……），而后根据你先前做出的正规的定义，来判断事情是公平还是不公平。然后设法评估这些判断与我们从生活中得来的关于公平的直觉概念是否相符。接着，用另外一种不同的关于公平的精确、正规的定义来重复前面的过程，看看这种定义是否更合适一些。

如果蹒跚学步的小孩能够理解语言，他们就会对这种“公理化议价理论”感到非常熟悉。那是因为对于公平的正式定义来说，其核心一般是对称原则，即对那些处于类似条件下的人，应采取类似的待遇。当小孩子们看到别人得到的蛋糕更大时，会大哭大闹，正是这种对称原则的作用。

对于一种常人看来很不合适的公平，对孩子和经济学家却能产生一种强烈的吸引力。兴趣就会滋生哲理，既有孩子们天真的观点，也有经济学精妙的理论。而引人注目的是，不论是天真的孩子，还是老于世故的经济学家，都会达成这样一种一致的结论，即公平首先是对称。

从孩提时代一直到长大成人，我们对于公平的态度至少有两条发展道路，这里，我说的是常人的情况，而非经济学家。首先，我们发现公平并不是唯一重要的事情。让生病的孩子待在家里，而错过了棒球比赛，是不公平。但是，为了治病，待在家里仍然是一个好办法。长大后，我们发现，公平常常要给效率和得当让路，当然，这时，我们对此已经非常理解了。当孩子量了一下蛋糕，然后大哭大闹说："这不公平！"父母会非常镇定地问他："你怎么知道我要平分蛋糕？"

偏执的平权法案

能够认识到生活还意味着很多，而不仅仅是公平，这绝对是一种健康、成熟的标志。伴随着这种成熟，产生了另外一种关于公平的思想发展道路（这种思想就更加具有欺骗性了），即轻易忽略了关键的对称原则。

让我来举例说明一下，这个例子是那些经济学家非常喜欢使用的程式化的例子之一。玛丽有一套空闲的公寓，而乔正在找地方住。如果乔不喜欢玛丽的种族、宗教或者生活方式等，他就可以再去别处找。但是，如果玛丽不喜欢乔的种族、宗教或者某种特定的生活习惯，她却要强忍下这些不满，把公寓租给乔，因为这是法律规定。

我们来看另一个例子：伯特想雇一个业务经理，而厄尼想当一个业务经理。法律允许厄尼可以以任何理由拒绝任何工作。如果他不喜欢阿尔巴尼亚人，他就可以不给任何一个阿尔巴尼亚人干活。但是，对伯特的标准就要高许多了：如果他让人知道他不想雇阿尔巴尼亚人，那么他就最好去找一个好律师了，因为他的麻烦就要来了。

这些不对称的情况可以说滤掉了公平最基本的要求，即人们应该得到平等的待遇，他们的权利和义务不应因一些不相关的外部情况而发生改变。玛丽和乔，伯特和厄尼，都想建立某种商务关系。为什么由于那些反歧视法案，他们就不得不承担一些不对称的义务呢?

当法律是如此明显的不对称时，人们就不得不去怀疑立法机构的真正目的了，他们不是去和种族歧视作斗争，而是去鼓励社会地位的歧视。这些立法者认为雇主和房主的地位要高于雇员和房客，因此，他们就对雇主和房主表现出了一定的敌意。

我们已经听过许多关于逆向歧视的事情了，我想是太多了（因为人们在这个问题上再也举不出什么新的例子了），这种歧视是说，法律不公平地区别对待黑人和白人。但是我们几乎没有听说过一些关于侧向歧视的问题，即法律不公平地区别对待房主和房客的问题。

下面说说为什么我把这种现象称为“侧向歧视”（sideways discrimination）。房主，和房客一样，来自各个种族。包括下面表格中的每一栏：

黑人房主	黑人房客
白人房主	白人房客

逆向歧视是说你的权利取决于你的种族（即你是处于表格中的上一排还是下一排）。侧向歧视是说你的权利取决于你的社会地位（即你是处于表格的左边还是右边）。

有两个原因和侧向歧视有关。一个是原则性的：不对称的义务是不公平的。另一个是实质上的：现在限制你邻居自由的制度以后可能扩而广之去限制你的自由。现在，当局告诉玛丽如何选择她的房客；以后，当局会告诉乔如何选择公寓。现在当局告诉伯特如何选择业务经理；以后当局会告诉厄尼如何选择工作。如果厄尼拒绝一个黑人雇主提供的工作，他就必须证明他所做出的决定不是基于种族问题的。

为什么不继续了？如果平等权利法案的那些原则一直实行下

去，他们就会逐步统治住房市场、职业市场，乃至婚姻市场的方方面面！在那种离奇的未来，你在选择情人时，如果考虑种族问题，那将是非法的。司法部的统计人员将会仔细审查你的约会方式，确保你挑选的情人是一个社团的合理代表。当你们最终订下婚事后，你还必须证明你选择的配偶客观上比其他可选对象更合格。一旦这种制度就位，它就会被扩而广之，涵盖性别和种族等各个方面：玛丽会因为嫁人而被传唤到法庭，因为原本有一个比她更合适的女士可以嫁给她的丈夫的。

如果那种景象听起来不可思议，那么，记住，平等权利法案现在的形式，就在几年前，看上去同样是让人难以想象的。如果听起来像一个噩梦，那么，要知道，对玛丽和伯特来说，这个噩梦已经变为现实了。

为什么这种噩梦般的情景看上去是如此让人难以理解，如此怪诞？我想仔细思考一下这个问题。也许，它看上去令人难以置信的原因是因为我们料想，如果房客（或者雇员，或者情人）的权利被强制提升到和房主一样的水平，那么他们就不愿意去投票支持某些人了。侧向歧视之所以兴旺发达，取得了极大的成功，就是因为它是对准了像房主那样的一小部分人。换句话说，我们大多数人都不会去考虑侧向歧视的问题，就是因为我们认为，这是别人的问题。这种情况从前就出现过。马丁·尼默勒牧师，在一个纳粹集中营待了八年半后，写下了下面的词句：

> 他们先来对付共产党人，我没有出声，因为我不是共产党。然后他们对付犹太人，我也没有出声，因为我不是犹太人。然后他们来对付贸易工会分子，我又没有出声，因为我不是工会分子。然后他们来对付天主教徒，我还是没有出声，因为我是新教徒。最后，他们来对付我，到那时，已经没有人敢出声了。

像玛丽这样的房主应该每天好好感谢上帝，感谢上帝恩赐他们有这样好的运气，没有生活在尼默勒牧师所处的那种恐怖时代和恐怖世界。但是，她也会遇到许多和牧师所说过的一样的境况，即她的自由被剥夺了，但是她的大部分同胞对此却毫不在意或者漠然置之。像乔这样的普通人，几乎不去考虑这样的事实，即许多他认为理所当然的权利，玛丽的却被剥夺了。也许这是因为乔不是一个房主吧。

为什么我们不敢让乔或者其他想租公寓住的人，以及厄尼和其他想找工作的人承担平等权利法案的义务呢？我想这是因为我们认为乔和厄尼有权根据他们的地位生活，我们甚至认为，如果我们不允许他们以一些我们反感的途径来实现他们的权利，我们便是不尊重他们的权利，即便他们行为的动机只是偏执或者固执。但是，如果乔和厄尼有这样的权利，玛丽也应该拥有这样的权利！如果玛丽被剥夺了这样的权利，乔和厄尼应该有义务为她呼吁，为她说话。

让我来直言几句：平等权利法案对白人男性求职者不公平；对企业主不公平，他们是无辜的，却被假设犯有歧视的罪行；甚至对于该项法案的受益者也是不公平的。我说的也许对，也许不对，但是这些都和我所要说的问题没有任何关系。我要说的是，我认为，平等权利法案对固执己见的人不公平，甚至是一个固执己见的人也应该得到公平对待。

为什么我就有义务？

你我都不喜欢固执的人。但是，容忍和多元化是个人的美德和社会公德，它们要求我们去赞同我们不喜欢的事物。容忍意味着接受这样的事实：他人的价值观也许和我们的有很大的区别。多元化意味着避免利用政治力量来“纠正”那些和我们不一样的价值观。

容忍褊狭的思想听上去好像有些荒谬，但是有许多其他好的思想都是这样做的，如有人提倡实施言论审查，我们也给他提倡这种思想的言论自由。事实上，言论自由和容忍有许多相似之处，例如，除非将其平等地应用于我们赞赏的人和从内心深处恶毒地反对我们的人身上，否则，它们都没有任何意义。

容忍是一种令人尊重的美德，因此我们要把它教给我们的孩子。多元主义是反对专制的保证，因此，它应该成为我们对政府的要求。如果我们替那些即便是最受忽视的少数人说话，那么我们不但在道义上是正确的，在政治上也是明智的。

为了使你不至于认为褊狭是少数人的问题（比如固执己见者），只有他们非常令人不快，请你再读一遍尼默勒牧师的诗句吧，要知道，这种情况并不是只有那时才有的。

当食品杂货店里的莴苣价格昂贵时，顾客们就会诅咒商家；但是他们的朋友和邻居无论价格如何也不会卖给他们莴苣，而他们却不会去诅咒这些朋友和邻居。我们也很少听说那些爱发牢骚的人会主动说，他们要开一家他们自己的食品杂货店，并提供更优惠的价格。有些人自己的第一步还没有迈出去，却要号召商家多跑出一公里来。

只是怨恨商家，而不去理会世界上其他没有给你提供便宜莴苣的人，至少还只是一种相对无害的矛盾行为。但是这种同样的道义上的混乱也会发生在其他地方，而它也并不总是无害的。大约每六个月，你就会看到一些新闻报道，说一些缺德的奸商把水卖到了每升 1.6 美元，或者是随着一场自然灾害，一些地方的某些关键的必需品失去了它的正常来源，于是便被卖到了一个出奇高的价格。那些新闻节目主持人和政客常常对此表示异常的愤怒，但是我从来没有看到他们运来过一滴水，即便是每升卖1.6美元或者是以其他的价格出售。如果说这些无德奸商有义务以少于每升1.6美元的价格卖水，为什么这些新闻节目主持人没有这种义务呢？

这里还有一个例子，是一种更加诱人的假象。最近，《纽约时报》刊载了一篇讣告，上面说这个人是“普遍公民权利的代言人和活动家，尤其是在同性恋者的公民权方面”。这里，尤其和普遍是矛盾的，因为“同性恋者的公民权”是一种委婉的说法，实际是指限制那些不知何故不愿意与同性恋者做生意的人的公民权。

显然，《纽约时报》的讣告执笔者是受了奥威尔式观念的束缚，认为谁拒绝租给你房子，谁就触犯了你的公民权。这是不对的。如果确实有这么一种道义上的义务，要给你提供一所房子，那么，你所有的邻居几乎都没有履行这项义务，因为没有一个邻居愿意租给你房子。假设玛丽建了一所房子，并且拒绝租给你。她还是为你做了一些好事：玛丽把房子出租给别人后，会在其他地方产生空房，减轻了住房市场的压力。把这些和我可能为你做的好事做一个比较吧。我没有什么涉及房地产的计划。我没有任何像玛丽那样可能租给你的房子；我甚至没有任何可能出租给你的东西。但是根据法律（以及《纽约时报》的报道），玛丽对你造成了一些实际的损害，而我是完全清白的。这简直是疯狂。

为什么玛丽比我有更多的义务租房给你呢？这就是道德义务，只要它存在，它就是一个普遍原则：或者它适用于每个人，或者它对谁都不适用。一项法律在实施的时候，如果不能做到对称、平衡，它就没有了道德基础。

根据同样的道理，如果你平时必须坐轮椅，因而无法去你非常喜欢的购物中心的三层，根据法律，购物中心的所有者就必须安装一部电梯供你使用。但是，这样的法律就没有什么道德意义了，因为它要求购物中心的所有者（一个完全的陌生人）去帮助你克服残疾，而允许我（另一个完全的陌生人）完全忽视你的困境。购物中心的所有者和我其实对你的问题都不感兴趣，那为什么单单他就必须承担解决问题的所有费用而我就可以若无其事呢？

咱们换一种说法。这个购物中心的所有者，建起了这个购物中心，对你来说没有什么特别的伤害。没错，你到不了购物中心的三层，可是，如果他不建这个购物中心，对你来说，也没有什么三层好去的。因此，假设这个购物中心没有伤害到你，但为什么带来了必须帮助你的义务呢？电梯也不能被看作是不公平的解决办法，因为根本就没有什么所谓的不公平。

你也许会反驳说，这个购物中心的出现，的确使你的生活更加糟糕了，因为对于这个诱惑，你的邻居可以去享受，而你却不能。但是这种反驳是建立在这样的基础之上的：如果一件好事，发生在别人身上，你却不能分享，你就会特别地讨厌它。这是一种关于社会进步的非常乖戾的观点，如果我们把它从逻辑上推向极端，就会产生这样的结果：任何人，在任何时候，做了对任何人有利的任何事，而你却没有得到，那么你都应该得到补偿。

还有一个相关的例子：小企业主必须雇用残疾人。如果说这是建立在某种道德义务上的，换句话说，如果有这么一种雇用残疾人的道德义务，那么，我们就都必须开办小企业，使得我们也可以雇用残疾人。但是，法律却规定了一种义务，把它强加在某些人身上（在这里是指小企业主），而其他人却没有这项义务，这也就意味着，这项法律本身认为，这种义务没有道德基础。当这种对称原则被破坏后，所有的道德内容也就跟着彻底瓦解了。

别对压迫毫不在乎，“压迫”这个词常常会突然在政治辞藻中大量出现。像褊狭一样，压迫常常与不公平有密切的联系。这个词常常用在下面这种情况中：“我们比其他人受到了更多的压迫，而这是不公平的。”

如果有一种（最好是好几种）标准可以用来判断我们对待这种说法的认真程度，那将是十分有用的。我来举一种公认的、不太完美的量度方法：你所受压迫的程度和你的净税额，即你支付的美元数减去你接受的政府服务的价格，是成正比的。

这种量度方法之所以不完美，其原因是，举例说明，它忽略了具有压迫性的立法机构的掠夺，或者说，它忽略了强加给特定的少数人的要求，要求他们执行平等权利法案等类似法律。但是这种量度方法还是一个比较好的粗略的近似值，反映了强加在一个公民身上的负担，而如果不是这些负担，压迫又是由什么组成的呢？

压迫总是褊狭的结果。我们向富人们征收巨额的赋税，然后安慰自己说，没关系，因为富人和你我不一样。是，他们是不一样，有的通过非凡的产业致富，有的通过非凡的好运致富。但是，仅从这些不同我们就得出结论说，可以攫取他们的财产，这是需要某种非人性的东西来运作的，而这种东西正是褊狭的本质，我们是从来不会在学校教孩子这些的。

很久以前，有位美国总统计划进行一次影响广泛的卫生保健制度的改革，改革由新的政府机构来运作，资金来源是一种累进工资税。他的政治对手公开抨击这个改革，理由是，它无法运作，它会限制选择权，卫生保健的质量会下降。这些都是正确的，但是所有这些都没有触及它的核心道德问题，即不应该强迫任何人去为别人的卫生保健付费。

没有一个政客敢讲真话了，这就是一种证据，见证了我们对褊狭和压迫已经变得多么毫不在乎。那些不按常理行事，行为方式令人不快的人（比如偏执者），权利越来越少；那些不同于一般，但行为方式无害的人（比如房主、雇主、富人），义务却越来越多。

但是，权利和义务的性质决定了它们必须被平等分配，不然，它们便失去其道德境界了。我们应该去教育孩子们，不要因为别的孩子和自己不一样，就去惩罚他们。他们长大后，就会知道其中的道理了。

FAIR PLAY

第9章

这样的赋税完美吗？

没有人想过用一种非常不合逻辑的推理来侮辱和轻视孩子的智力，如“莫缴的税比你少，这对他很公平，因为他在采摘野花，而你却在盖房子”。

谁该帮谁盖房子？

孩子们和经济学家们都认为，公平就是对称。把这个记在脑子里，我会从一个寓言故事说起。

曼尼、莫和杰克三人，每人都靠4公顷的树林生活。他们都想盖间房子。曼尼和莫都是熟练的伐木匠，而杰克一辈子就从来没有挥过一下斧头，如果没人帮他盖房子，他就是居无片瓦了。

曼尼和莫有义务去帮杰克盖房子吗？有人说是，有人说否，但是我现在还不想在这个问题上立刻表明我的态度。我想关注一下的是对称问题：根据我现在已经讲的故事，曼尼有可能比莫承担更多的帮助杰克的义务吗？当然不可能。曼尼和莫有许多不同点（比如姓名不同等），但是，他们之间没有任何的差异是和目前这个问题有关的。因为在任何一个和这个问题有关的方面，他们都是相同的，他们对杰克的义务也是相同的。

现在，让我再多给你一些信息。在测量了自己的土地面积后，曼尼决定清理出两公顷地，给自己盖一个五层楼的漂亮房子。而莫，最近又重读了一遍《瓦尔登湖》，认为一间小屋对自己的生活来说足矣，他要给自己留下更多的时间和大自然进行交流。

有了这些，你会认为曼尼比莫更有义务去帮助杰克吗？我仍然认为很难下这样的结论。曼尼和莫对住房有不同的品位，但是这个差异好像和他们名字的差异比起来，从道义上来讲，没法说谁比谁更重要。因此，对称原则表明，他们对杰克的义务仍然是一致的（你也许会争辩说，莫的生活方式表明，他非常讨厌艰苦的劳作，因此，如果让他给杰克工作，对他来说，就是非常残酷的一件事了。但是，你同样也可以这样认为：曼尼的生活方式表明，他特别喜欢在自己的房子上面花工夫，因此，如果强迫他为杰克工作，也会是非常残酷的。这些论据同样都会使莫和曼尼摆脱必须帮助杰克的义务）。

但是，如果曼尼、莫和杰克都生活在美国，那么，他们就都必须服从一种税制的规定，而这种税制，完全蔑视对称原则。因为曼尼比莫工作更努力，获得的物质财富更多，因此，曼尼就要比莫贡献得更多，来养活杰克。当然，我们不会死抠字眼儿，要曼尼去杰克那里帮他盖房子，但是，我们要曼尼把他自己的一部分收入转让给杰克，效果实际上是一样的（当然，在现实生活中，曼尼也不会自己去盖房子，他会有其他的工作，挣得工资来买房子）。

最具讽刺意味的是，虽然这种累进税制要求曼尼的付出比莫要多得多，但常常被描绘成一种根本公平的表现。事实上，它确确实实是一种根本不公平的表现。

没人会想过用一种非常不合逻辑的推理来侮辱和轻视孩子的智力，如："约翰尼得到的蛋糕比你的大，这很公平，因为他玩沙箱，而你却在玩秋千。"孩子们知道，你怎么玩和你怎么切蛋糕没有任何道德关系。但是曼尼却要遭受这样的欺侮，有人告诉他："莫缴的税比你少，这对他很公平，因为他在采摘野花，而你却在盖房子。"如果必须的话，你可以拿走他的钱。但是不要指望他会忍受这种言辞，因为你对小孩子都不会说这种话，这种言辞只会增加对他的侮辱。

人头税才最公平

每当谈到税法，经济学家们就喜欢说，这里有一个"公平"（也就是重新分配收入的问题）和"效率"（也就是保持对生产行为的一种激励）的权衡问题。按照传统的看法，累进所得税是公平的（因为它让富人承担了更重的税务负担），但是同时也是没有效率的（因为它没有激励工作）。相比较而言，完全的人头税（即无论你的收入多少，每年都是3000美元）据说很有效率但是也很不公平。

但是，一项税收，每个人的税额都相同，却被描述为“不公平”，这在字面上也说不通。在关于税收政策的辞藻中，“不公平”这个词从来就没有“不公平”的意思，它好像有“财富重分论者比希望的要少”的意思（我估计它特别希望在某种政治氛围中，出现某种语言上的精确用法，这样，政客就可以用“统一税”来描述一种按收入征收不同比例税额的税制）。

我不认同这种公平和效率的二分法，我不认为通常采取的收入再分配的任何方法都是很公平的。如果一个制度给本质上相同的公民强加上不同的义务，那它就是不公平的。

我们每个人每天都拥有同样的24个小时。你可以用这些时间来挣钱，也可以用这些时间来享乐。如果你花了一小时挣钱，那么，这个制度就认为，对你来说，“公平”的做法就是与你的邻居分享一部分你的收入。如果你花了同样的时间来享乐，这个制度就不会给你强加任何的义务，让你与人分享你的利益。

如果我花了一小时，挣了一美元，那么，我就必须给公共财政贡献出三分之一来。如果你花了一个小时去享乐，你就不必贡献出三分之一小时来为公众谋利益，比如沿路捡垃圾什么的。这种根本的不对称和我们通常认为的公平、公正是完全相反的。

如果收入的差异完全由个人选择产生，那在我看来，人头税就很公平，起码从字面上看是这样的。但是，虽然选择可以解释许多关于收入分配的问题，但是它也不能解释全部。我比弗兰克·西纳特拉挣得少的原因，不是我每天唱歌的时间比他少，而是我天生没有一副好嗓子，而这也不是我的错啊。

惊人的 77%：23%

我们中的一些人会比其他人更有天赋。如果你比你的邻居聪明，或者比他强壮，或者比他更有雄心，那么是否就意味着税收制度要求你为邻居的生活做出些贡献呢?

对这个问题的答案我不太肯定，但是我可以告诉你一种我所知道的最棒的观点，这种观点对上述问题的答案是肯定的。我们先打个比方，来说明我们是带着社会义务来到这个世界上的：在我们出生之前，以及在我们可以预知自己的地位和身份之前，想象一下，我们可以确保（自愿地）彼此都不是天才。换句话说，想象一下，我们可以签下这样的合同："如果我们其中一个天生精明，另一个天生愚钝，那么精明的就要把他一半的收入给愚钝的。”我用“精明”这个词，意思是“有很强的挣钱能力”，而“愚钝”则指相反的意思。如果我能想到一个词可以表达“有很强的挣钱能力”的意思，我就会用那个词，而不用“精明”了。

要在现实世界中执行这个合同，即便我们从来没有写过这样的合同，我们也会碰到一个很好的哲学问题。法庭在强制执行合同时，常常只要是诉讼当事人想到了，并写入合同条款里的，它都会去执行，经济学家们一般都赞成法庭的这种做法。如果有的合同条款人们忘记写了，我们也去执行，那么，我们为什么不应该执行那些人们没法写的合同呢？仅仅是因为他们还没有出生这个不便条件吗？

但是，除非你知道合同的内容，否则你就无法执行这个合同，因此，问题就是必须要搞清楚，如果我们自己还没有出生，我们这个合同的内容应该是什么。从数量上来考虑这个问题并不难。我们有很准确的关于现实世界中天才分布的数据，因此，可以合理地估量我们面临的风险有多少。我们还有现实世界中保险销售量的准确数据，因此，我们可以合理估量出有多少人愿意做出一定的牺牲，来避免其他各种各样的风险。我的同事雨果·霍彭哈恩和詹姆斯·卡恩就用这些估量方法估算出，在未来的议会中，议员们会同意这样的决议，77%的人（都是最有才干的人）将要彻底去养活剩下的人。换句话说，也就是大家会认为，23%的人口将会永久失业，靠福利生活。[①]

这是一个很有意思的数字。如果你同意这种关于执行合同的论点，这就意味着现实世界中的福利国家的数量应该大量增加。但是，如果你再另外增加一个考虑因素，你就会得出一个新的数字，同样很有意思，但是会得出完全相反的结论。

下面就是那个额外的考虑因素：根据霍彭哈恩和卡恩的理论，我们不但要同意让那 23%的人口永远靠福利过活，我们还要同意必须非常慷慨地赞助他们，让他们过得比那 77%工作的人还要幸福。但是，霍彭哈恩和卡恩的计算没有认识到，这样的做法会导致有人逃避劳动，即精明的人会作假，使自己也可以享受福利。这样的话，这个制度就会崩溃。

换句话说，这种方案会产生非常严重的消极阻碍作用，最终，所有人都会饿死。如果存在某个中央机构，它可以正确估量人们的才干，强迫那些精明的人去履行他们这种与生俱来的合同，而不是靠施舍过活，那么，以上的担心就不是问题了。但是，如果人们隐瞒他们的技艺，那么，原有的合同就必须重写，以此来避

---

① 在我写这本书时，霍彭哈恩和卡恩正在努力把他们这种非常粗略的估算并入一个更加完善的分析中去。当然，这项研究成果还没有出来。詹姆斯·莫里斯就因为在类似领域内的开创性工作而在 1996 年荣获诺贝尔经济学奖。

免灾难的发生。

因此，让我们回到我们出生前的时候，重新协商我们的合同。权衡如下：我们仍然渴望那种大型的社会安全网。但是我们也认识到，对工人来说，支撑这个安全网是一个沉重的负担。我们不想让他们有这种想法：在如此重负之下，他们宁愿这个安全网彻底崩溃。为了挽救这个系统，我们必须缩减它的规模。但是缩减多少呢？

我们仍然可以做出一些比较粗略的估算，而估算的基础就是我们所看到的人们在现实社会的类似市场上做出的一些交易。估算的结果是，在考虑到其消极阻碍作用后，我们希望去资助的失业人口不再是23%，而是0.6%，换句话说，接受资助的失业人口实际上几乎是零。并且那些仍然可以享受福利的少数人，他们现在得到的收益也要少得多了。也就是说，我们将决定，基本上完全废除福利制度。

这完全是一个成本和收益的问题。保护23%的人口，是一个安全网的底线，如果我们可以采取某种措施防止它被滥用，那么，这个安全网的成本是合算的。但是，如果这个安全网存在某种可以预知的、一定程度的滥用（即人们假装是属于那23%之内的），那么，整个安全网的代价就会变得非常高昂，以至于我们宁愿放弃这种安全网，只留下一些可以保护那0.6%的底线的东西（事实上，对他们的资助甚至也只是最低限度的)。

就像 23% 大得令人吃惊一样，0.6% 也小得让人吃惊。我们是否能够期望把这两个极端综合一下，成为某种对政策有实际意义的指导呢?

可以，但是必须进行几项解释说明。首先，只有当那些虚构的、生前订立的合同有一些实际的道德影响时，整个方案才有意义。我并不完全相信这些合同，但是它们看上去有一些道理，为了辩论，我还是愿意接受它们。其次，我们必须接受霍彭哈恩和卡恩估算出的数字。这么做更难，因为即便霍彭哈恩和卡恩他们自己也是刚刚开始思考这些问题，我相信，随着他们思考的愈加成熟和完善，他们的数字也会发生变化。但是，目前这是我们所能得到的最准确的数字了，而且，最终的数字也许看上去和现在粗略估算的数字没有多大的差别，这也并不是什么让人难以置信的事。来，我们继续，当然，要有适当的小心和谨慎。

上帝的征税法则

我的方案是，首先，为再分配的税收制度列出一些假设的标准，然后，设计一个能够满足这些标准的最佳制度，最后，仔细考虑一下这个结果是否令人满意。

以下是假设的标准。

标准 1：从理论上说，应该有一个实实在在的再分配体制，涵盖所有的人，从最有才干的到最没有才干的。我的标准中要包括这一点，至少是暂时性的，即便它和我所有的直觉格格不入，当然，除了一种直觉之外，那就是，认为一个好的论据总会战胜你的直觉。霍彭哈恩和卡恩已经找到了一个很好的论据。

标准 2：但是，如果这种再分配制度确实有消极阻碍的作用，那么它就应该被尽力收回，甚至可以回到零点。这个标准也是建立在和标准 1 一样的基础上的，即根据那些计算结果，它是需要我们在出生之前就达成一致的东西。

标准 3：因此，避免消极阻碍作用是很重要的。这一点从标准 1 和标准 2 就可以很清楚地推理出来。如果再分配是那么重要，而且我们又愿意牺牲再分配来避免消极阻碍作用，那么，可想而知，消极阻碍作用一定是一种非常可恶的东西。

标准 4：我们不应该向实际的收入征税，而应该向可能的收入征税。换句话说，我们不应该向成果征税，而应该向能力征税。这一定得加倍强调，因为效率和公平都需要这一点。

效率需要这一点，是因为在目前我们着意避免消极阻碍作用的方法中，这是最有把握的一种方法了。向工作成果征税，会让人们更不愿意工作，而向智力征税，却不会使人们变傻（它也许会迫使人们装傻，但那并不是一回事）。更普遍的观点是，当税收阻碍了经济生产活动时，就会导致低效率；因此，最有效的方法是不向行为征税，而向某些不变的特性征税。如果你的行为不会影响你的税单，那么，你的税单也就不会影响你的行为。①

上天保佑，公平（或者说平等，或者你喜欢的其他叫法）加强了对效率的种种需求。还记得曼尼、莫和杰克吗？因为曼尼和莫比杰克的技术更好，因此我乐于接受这样的观点，即曼尼和莫应该帮助杰克盖房子。曼尼和莫来到这个世上后，他们的技术都是一样的，但是这却使他们其中一个比另一个负担更多的义务，这在道义上是站不住脚的。曼尼选择比莫多挣些钱，而莫选择比曼尼多些时间享受闲暇。伤害这其中任何一种选择都是没有效率的，而且也是从根本上就不公平的。②

标准 5：对于个人的纳税义务，应该设立一个合理的上限。我个人的感觉，一个人的纳税额，不应超过平均税额的 5 倍。但是，如果有其他的额度是由以上那些标准得来的，我也会接受。

---

① 如果认为效率就是要我们向能力（或者说可能的收入）征税是有一点儿夸张了，事实上，效率所需要的全部就是我们不要向成果（或者说实际收入）征税。单一的人头税就相当不错。

② 我敢肯定，要做到公平，如果曼尼决定多赚钱，就要禁止向曼尼这种决策征税。但我不明白，是否要做到公平，就是必须向曼尼和莫的技术征税，但是霍彭哈恩和卡恩的理论就是这么说的。

标准5说的是自由的优点，而前4个标准说的是公平和效率的优点。标准5还包含了这样一个原则，即对于我们的社会责任来说，是有某种限制的。无论我们对我们的公民负有什么样的义务，我们都应该能够首先完成这些义务，然后继续前进。

在加上了标准5之后，其实我已经部分破坏了标准1的思想基础。原来的思想是去加强我们已经写好的生前的合同（当然是如果我们能够的话）。现在有了很好的理由使我们相信，这些合同里将包括一种对某种技艺的税收，这种技艺可以让人在市场上获得成功。因为成功的可能是没有限制的，每时每刻都可能有一个比尔·盖茨诞生，那么，看上去个人税也应该不受限制。但是，不要忘了，以上所有的一切都是建立在人类的某种本能上的，即人类想方设法让事物向好的方向发展，不出现不好的结果。在这种本能的指引下，我也想确保自己不会设计出一种建立在错误基础上的税收制度。霍彭哈恩和卡恩的观点让我进行收入再分配，我会这么做，因为我认为他们的观点也许是对的。但是我也想在那种再分配上设立某种限制，因为我同时认为，他们的观点也许是错的。

为什么不向美丽征税?

如果上帝想在以上5个标准的基础上实施一种税收制度，那么一切会很容易办到。上帝知道每个人的挣钱能力，他可以据此给每个人分配一定数量的税额。上帝也有能力让每个人缴清税款。

要想复制上帝的税则，就要求我们的领导人无所不知，无所不能。但是，作为凡人，我们没有这样的知识和能力，直接向人们的挣钱能力征税，我们所能有的最好的方法就是估计一个最佳的征税方法。

这就意味着向特征征税，因为特征会是挣钱能力的一种很好的预报器。例如，白人（平均）比黑人挣得多，那么直接对收入征税可能对工作产生消极影响。但是向白人征税，却不会有什么消极影响，且也同样起到了把收入从（平均）相对较富的人群再分配给相对较穷的人群的作用。如果你是白人，每年缴纳 1 万美元的税，如果你是黑人，每年缴纳 5000 美元的税，这是一种非常有效，同时也是累进程度非常高的税收制度。把种族和挣钱能力联系在一起考虑是有相当缺陷的，比尔·考斯贝就是很好的例证。于是，我们可以向男性、向身高、向美丽征税，使我们的制度接近完美（虽然还不是十分接近），这些特点都肯定和收入有关。

（在向美丽征税的问题上，很重要的一点是，只向自然的美征税；否则，我们就会打击人们在洗发水、化妆品和牙科上的消费。事实上，如果我们想要周围都是美丽的事物，我们就会去资助美丽的事物，而不是向它征税，鱼与熊掌不可兼得。在这个问题上，收入再分配和有魅力的人们，正是鱼与熊掌的关系。）

倘若这些特征和收入有非常紧密的关系，那么，向这些特征征税就具有很好的收入再分配的功能了。倘若这些特征永远不变，向这些特征征税也就非常有效了，因为没有人会为了避税而试图浪费这些资源。在实际操作中，特征税有一个上限：一旦你已经缴纳了“白种税”、“男性税”和“身高税”，那么，你就可以去自由地赚取所有你想要的免税收入了。

你也许认为征收特征税是一种很极端的、未付诸实施的提案。但是我认为并不尽然。例如，女性的预期寿命比男性的长，因而在收益会比男性多的情况下，社会保障体系还在向男性征税。而平等权利法案就好像是某种对白种人的赋税。当然，它们也并不完全相同，因为平等权利法案不仅仅是把收入从白人转移给黑人，它还成了一种障碍，影响了工作和工作申请者之间有效的匹配。但是，即便它们不完全相同，它们也不是完全的不同。

以下是我所知道的支持平等权利法案的最有力的论据。第一，生前合同的神圣性要求把富人的收入转移给穷人；第二，如果这种转移是建立在实际收入的基础上的，那么，对于工人们来讲，转移收入就是一种令人难以接受的巨大打击；第三，因此，避免这种打击的影响就会成为我们退却的一种充分理由，我们会选择一种并不太完美的次优方案，即通过把白人的收入转移给黑人，我们至少可以大致把收入从富人转移给穷人；第四，直接征收“白种税”在政治上是不可行的，因此，我们就求助于平等权利法案这种间接的“白种税”；第五，我们已经认识到，这种间接税导致了效率低下，因为它把一些不合适的人放在了不合适的岗位上，但是，总的来说，我们宁愿存在这种效率低下的模式，也不愿采取任何其他改进的方法。

对我来说，这种观点虽然是由我的一个同事在午餐时提出并且一直坚持的，但是它实在是站不住脚。但是，我不想跑题，去列一个关于我的反对理由的冗长清单，我只是想向这种辩论的精神致敬，这种精神让人努力在一种道德至上的原则基础上，进行一种具体的政策分析（当然这不包括它对政治可能性的一种轻率假设）。

平等权利法案只是一个与主题无关的问题，我们还是回到收入再分配这个主题上来吧。理论上说，我们应该以智力这样的特征为基础来进行再分配，但是这样行不通，因为要伪装出一个低智商的测试分数简直太容易了。因此，我们只好以像种族、性别、身高这样的特征为基础进行再分配了。

在实际情况中，这也是一种以再分配为目的的税收所能达到的最公平的结果了。这也与霍彭哈恩和卡恩的计算结果明显一致，并且这种再分配方案也试图避免对人们的努力精神造成伤害，同时也尽量避免妨碍其他的自由选择。如果这种特征税是让人无法接受的，那么，人们曾经设计出的任何一种收入再分配方案都是无法接受的。

但是，还是有些问题。如果说这种税收是非常完美的，那么，为什么它看上去还似乎有点让人反感？不单单我有这样的感觉，每个听过我描述它的人，都有这种感觉。我打算认真对待这个问题。如果我们可以搞清楚为什么这种完美的税收还会让我们感到别扭，那么，我们就可以大体上搞清楚我们对于税收的感觉了。因此，让我们探究一下这种“完美的税收”的不完美的地方。但是，怎么会有不完美的地方呢？这种税收被设计成为既是效率的典范，又是对生前合同的一种公平的履行方法。因此，通常根据效率和公平的双重标准，这种特征税看上去是无懈可击的。

但是，表象往往是具有欺骗性的。我将在下一章证明这种特征税，以及任何一种税收，都会在方方面面招致严厉的批评。我来预先给你看一下这个证明的一些情况吧。

首先，效率是一种好坏参半的事。当政府得以很有效率地征税时，他们就很可能征税过多了。如果说征税的力量是一种破坏的力量，那么，这种力量越有效率，它破坏的速度就越快。

这个论证不仅仅是反对特征税，同时也是在整体上反对各种各样涉及再分配的税收。如果说低效率的税收成本太高，而高效率的税收在政治上是不明智的，那么，就可以说，根本没有也无法设计出一种可以让人接受的税收来。

其次，我们还没有结束对公平的逻辑性的探讨。有关那些生前订立的合同的道德状况，我们还有许多要说，而且其中有许多观点会在霍彭哈恩和卡恩编织的理论幕布上戳出些大洞来。真不知道剩下的这些“碎布”还能不能凑出一个观点。

FAIR PLAY

第 10 章

为什么抢富人的钱给富人?

如果社会保障希望补偿那些最不幸的人，那么，我们就不该把福利金给那些东洛杉矶人，而是给那些东帝汶的人民。

贪婪的政府

政府的扩张是受到限制的，因为它要得到民众的首肯。但是现在，民众在给予这种首肯时，显得非常的慷慨大度！1776 年，美洲的殖民地居民拿起武器，反对英国殖民政府，其实那个政府比现在的政府对我们的压榨要少得多，现在的政府常常要花掉我们 40% 的收入；如果英王乔治三世提出了像克林顿那样的卫生保健计划，他的那些英国臣民就会和殖民地居民一样起来反抗他了。

但是，肯定是存在某种程度的压迫，这种压迫的结果，即便是现在的温顺的平民，也会奋起革命的。一个十分有效率的税收体制，将会使政府产生接近这种程度的压迫；所谓有效率的税收体制，就是说，这种体制（比如人头税体制）不会产生消极阻碍的作用。

一种有效率的税收体制存在的问题就是，它没有提供一种内置的制动器，来抑制政府的贪婪。一个政府今年从每个人身上拿走了1万美元，明年它就想拿走2万或者3万美元；总有一天，我们会醒悟过来，发现他们已经拿走了我们的一切！但是这一切，在一种低效率的税收体制下，却不会发生。例如，所得税，其效率是非常之低的。如果政府把所得税税率提高到100%，那我们就都会停止工作，他们就什么也得不到了。政府为了说服我们去挣钱，以便收税，它不得不让我们保留相当一部分收入。

人头税可以让政府拿走你的钱，所得税也可以让政府拿走你的钱。而后一种税收对你造成了很致命的打击：你在失去了金钱的同时，也失去了通过努力工作把它们挣回来的希望。政客们希望缓和一下那种致命的打击，也许是因为他们还想拿走更多而需要采取一种暂时手段吧。如果是人头税，就不存在这种想法了。

正如人头税被说成是不公平的，而它其实并没有任何缺陷一样，他们所吹嘘的效率，其实没有什么优点可言。说人头税是有效率的，是因为它可以让我们平等地接受剥削。

任何有效率的税收都是这样的，包括针对种族和性别这样的特征税。这也正是我们要警惕这种税收的原因。而如果任何一种方案试图对收入进行再分配，我们都应对其保持警惕，原因和上面是一样的。记住霍彭哈恩和卡恩的分析：我们的确需要一个巨大的社会安全网，足以覆盖23%的人口，但是，它的建立必须是十分有效的。如果为了限制政府扩张，我们决定牺牲效率，那么，未来的我们就会宁愿牺牲这种安全网了。

简而言之，这就是悖论：一种低效率的税收，成本太高，是因为它会导致人们逃避工作；而一种高效率的税收会太危险，是因为它会招致苛捐杂税。

如果无论高效率的还是低效率的税收，我们全部抵制，那么，也许我们唯一的选择就是根本没有任何税收了，至少是没有了任何以再分配为目的的税收。当然，这只是一个建议性的观点，而非一个结论性的观点。我们也许会认为，高效率税收的利益会大于它的风险，这样，我们就可以全力施行某种特征税了。或者，我们可以拼凑一种折中方案：我们或许可以设计某种特征税的变体，它并不是十分的高效（它会使我们想去缩减安全网的规模），但是也并不会无效到会使我们想去完全废弃这种安全网。

不幸的是，一种低效率的税收自身是无法阻止专制的出现的。

无论我们如何为特征税辩解，或者为任何一种类型的税收辩解，税收总是需要一个收税员的。收税员必须被赋予权威，而权威，无论何时何地，都是自由的敌人。如果要设计一个我们将要生活于其中的世界，以上那一点正是我们要担心的。我们也许会放弃建立一个有效率的福利国家的努力，因为我们对收税员和权威的事情实在是太忧虑了。

在现实生活中，如果订立了合同，我们就希望有一些组织完备的公共机构来执行这些合同，如法院、警察和公共舆论机构。所以，如果我们要在来到这个世界之前就写出这些社会契约，我们就必须创立一些公共机构来执行这些契约，这些公共机构包括很多，从美国联邦税务部门到美国卫生及公共服务部。而且如果我们很现实地预料到这些机构会逐步扩大并集中他们的权力，那么，我们最好还是先不要订这些契约。

霍彭哈恩和卡恩已经告诉我们说，我们已经接受了再分配制度，但是我们不会接受某种一揽子方案，它把再分配制度和低效率的税收结合到一起去了。我感觉我们真正得到的是某种不同的一揽子方案，但同样也是一种不讨人喜欢的方案，即把再分配制度和许多集权机构结合在一起的方案。如果让我们选择，我想我们不一定会选择这种方案。

你的孙子会变成比尔·盖茨

一般而言，如果对具有再分配性质的税收产生怀疑，其中一个实际的原因就是，对管得过宽的政府存有一定的恐惧。那么，如果是对美国的税制产生了怀疑，就让我给你提供一个比较有原则性的理由吧。

假设有这么一个还没有投胎的魂灵，它有这样一个愿望：自己不要投胎到一个错误的国家，如古巴、阿尔巴尼亚、马里等，它希望自己投胎到加拿大、卢森堡或者阿拉伯联合酋长国等这样的国家。美国的税制可不提供这样的担保。美国的税制所做的一切只是把钱在世界上最走运的人之间搬来搬去，这些人能出生在美国，真是走了大运了。

甚至是最穷的美国人，他所拥有的财富和机会也会让最穷的印度尼西亚人眼花缭乱的（普通的苏丹人也一样）。因此，如果社会保障希望补偿那些最不幸的人，那么，我们就不该把福利金给那些东洛杉矶人，而是给那些东帝汶的人民。你也许相信，也许不相信，我们来到这个世上，是带着一种绝对的道德义务的，那就是养活穷苦的人们。但是，如果说这种道德义务的大小会因义务承担人的种族不同而不同，那就会非常令人厌恶，非常荒谬了。

我一般不会给私人慈善团体捐款，因为他们的慈善活动主要是集中在美国，而其受益者，那些美国人，按照世界上的普遍标准，都是非常富裕的人。但是我的政府却强迫我把我相当一部分的收入捐给那些相对来说非常富裕的美国人。但是，任何看似有道理的生前契约都不会被很好地执行。根据那些我们在生前签署的协议，那些典型的“贫穷的”美国人应该把福利金送给塔吉克斯坦人，而不是从他们的同胞那里来收集这些福利金。

在我写这本书时，比尔·盖茨的净资产估计已达240亿美元。根据保守估计，在扣除了纳税和通货膨胀等因素后，他的年资产纯收益率是3%，也就是说，他每天的投资收入约有200万美元。除非他想留下一笔遗产，或者自己想把它们“带走”，否则盖茨应该计划着在他还活着的时候花完这些收入（但是他仍可以把所有的本金留给他的继承人，那也将是一大笔遗产）。当然，也许他会觉得，与别人相比，他太浪费了，但是，只要有任何一天，他的花费少于25万美元，他就有可能犯一个大错误。

我们甚至很难想象拥有那么一大笔财富会是什么一种状况。但是，这对你的孙子们来说，并不难。如果美国的人均实际收入以一种适度缓慢的速度增长，例如，每年增长1.5%，那么，在不到600年以后，一般美国家庭的日均收入将会是200万美元（已经扣除了通货膨胀因素）。

更引人注目的是，如果美国可以达到韩国在过去几十年所报道的增长率，那么，只需要100年的时间，一般美国家庭的日均收入将接近200万美元。如果美国的经济增长速度可以达到韩国的水平，那么，你的重孙将过上比尔·盖茨那样的生活，如果他超乎常人，那么他甚至会过得更好。

达到并保持韩国那样的增长速度，在不远的将来，看来是不可能了，在过去 200 年间，美国和世界的平均增长率界于 1% 和 2% 之间。如果有什么变化的话，那就是说，增长速度似乎在加快，而且有充足的理论依据可以说明这一过程会继续下去（第 13 章将会详尽论述这一点）。那么，最乐观的预测就是，你的后代将不得不多等几代时间（但不会超过十几代时间），才能达到盖茨那样的生活水平。

因此，每当西拉俱乐部为了保护某种自然物种而阻碍经济发展时，它都会让那些生活水平和你我一样的人做出牺牲，来成全后代的享受，殊不知，他们的生活水平是和比尔·盖茨一样的。西拉俱乐部的目的就是，掠夺我们这样相对而言的“穷人”，来给予那些富人，那些我们的继承人。

但是，根据收入再分配的理论，正是那些富裕的后代欠我们一些东西，而不是我们欠他们。如果说某种隐性社会契约允许税务机构没收盖茨三分之一的收入，那么，很显然，同样的这种隐性社会契约也会允许西北太平洋公司的伐木工人剥夺你孙子观赏巨杉的权利。[①]

① 为了辩论的需要，我才接受了西拉俱乐部的假设，他们认为自己可以准确预计我们的后代将会珍视什么东西。但是，值得注意的是，众所周知，我们的后代可能宁愿继承经济发展的收益，而不是继承那些红杉。

高税收的盗窃逻辑

这也是我们对在美国实行的收入再分配制度十分怀疑的另一个原因。那些从今天的高收入者那里把收入转移走的人，却同时把这些收入转移给那些明天的高收入者，他们前后所用的标准并不一致。因此，我们就可以质疑他们的可信度。

自然资源保护主义者并不仅仅对他们的后代有一种病态的关注；同样，对于联邦赤字，似乎也有一种非常流行的歇斯底里症。不论你到哪里，总有人在抱怨说，巨额国债是在逼他们花子孙的钱过好日子。我要告诉他们：没有任何人强迫你花子孙的钱过好日子。如果你认为你的生活方式太奢侈，你可以少花点儿，而且还可以把你的存款留给子孙。

现在算术就起作用了。如果政府给你削减了1000美元税金，而让你的子孙去缴这笔税，你就节约了1000美元。你可以把它们放在银行里，当你的子孙从银行里取出这笔款去缴税时，这笔款已经增长到2000美元（详见第15章）。

担心自己是在花子孙的钱过好日子没有任何意义，不过，你倒是可以好好地担心一下有人在花你的子孙的钱过好日子。也许你的邻居用省下来的1000美元税金买了一辆汽车，而造这辆汽车的钢材，也许可以拿去给一家工厂做房梁，而这家工厂也许会雇用你的子孙。经济学家不认同这样的故事，认为这纯粹是狡辩，但是，我们大家都认为，如果你想保护你的子孙不受国债的困扰，我所讲的故事基本上就是你唯一需要担心的事。

如果你的确担心，那么就意味着两种情况中的一个：或者你认为你的邻居无权花你的子孙的钱过好日子；或者是你认为你的邻居有那样的权利，但是你宁愿阻止他运用这个权利。在第二种情况下，我估计你几乎没有任何兴趣去探究道德上的细微差异，你事先是不会去读我这样的书的。那么就剩下第一种情况了。但是，如果你认为你的邻居无权花你子孙的钱去过好日子，你就必须同样认为，你的邻居也无权花比尔·盖茨的钱去过好日子。换句话说，如果有人对国债感到焦虑不安，那么他就不会顽固坚持在活着的人之间进行收入再分配。

那么，以下就是底线了。首先，无论是在效率方面还是在集权化方面，再分配制度的成本太高，令人难以接受。而且，无法同时解决两个问题：既要有一个更有效率的税制，还要使收税者剥削起我们来更容易。

其次，看上去没有人真正相信再分配的理论。如果说我们认为自己正在执行一个保险合同，那么，为什么我们没有认识到大多数的受益者都生活在美国以外？如果我们都一致认为，财富应该从富人流向穷人，那为什么人们还愿意接受资源保护主义者和预算平衡主义者的观点呢？

然而，我们的确有累进所得税，而且自20世纪80年代以来，它的累进性变得愈加明显了。如果这种累进所得税不是建立在一种和再分配有关的理论基础上的，那么，它的基础又是什么呢？

最显而易见的答案是，它确实有几分像“实力即权利”和“我们正在把你们已经得到的拿走”这样的情况（希拉里·克林顿早在她丈夫执政期间，就做出了这个臭名昭著的评论）。

但是这也没有解释清楚在这种收入再分配的制度中，为什么许多高收入的人，选择支持对自己以及其他像他们这样高收入的人征收高额赋税。他们可能在想些什么呢？有一个问题，我总想问这些人：如果你们真的想去缴纳这些高额赋税，又是什么使你们没有这样做呢？对于你们多缴的这些税款，财政部是非常乐于接受的。

如果你们认为，你们以及其他和你们一样的人，有一种道德义务，要多纳税，那么，你们就必须认为，没有缴纳这些高额税收，在道德上就等同于一种盗窃行为。在这种情况下，如果有人在为争取一种更加苛刻的税制而斗争，就可以解释得通了。此时，你们其实能够去履行你们自己的那份义务的。之所以没有那么做，是因为你们想去停止这种盗窃行为，但是只有当所有人都这么做了，你们才会去做。你们的观点在逻辑上可以讲得通，但实际上却不那么讨人喜欢。

而不讨人喜欢的准确原因，是因为它违反了对称原则。你们的盗窃行为，被认为没有其他人的严重。也就是说，其他所有人的盗窃行为都非常恶劣，必须制止；但是你们自己的盗窃行为就不是这么恶劣了，不一定非要制止。这是一种不对称的做法，因而也就不公平。

伪装慷慨的保险单

同样不讨人喜欢的逻辑到处都有。有些人坚决主张，保险公司在开保险单的时候，从道德上讲，不应该考虑各种以前所患的疾病或健康问题；还是这些人，他们认为，货比三家，然后挑一家价格便宜的保险公司买保险的行为，没什么大不了的。他们就从来没有想过，价格便宜的保险公司之所以便宜，就是因为他们把那些从前得过某种疾病或者有健康问题的申请者都精心剔除了，所以他们的保单才会价格便宜。

那么，我们在道德上是否有义务多付一些保险费，使那些高危人群也可以参加保险呢？如果你认为你的答案是肯定的，那么，你就有充足的机会，选一家合适的保险公司，去尽你的义务。如果你认为你的答案是肯定的，但你还是选择了一家价格便宜的保险公司，那么，你的意思就是："是的，这里是有这么一种道德义务，而且我认为其他所有人都应该去支付履行这种义务的费用，但是，我自己还是不想支付这笔费用。"

我想区别一下两类观点。第一类认为，存在一种道德义务来强迫执行一种慷慨大方的保险标准。估计这种义务是源自于那些合同，因为在出现某种疾病或健康问题前，我们已经满足了合同的要求，并且已经签署了这些合同。这类观点刚才我已经抨击过了。

第二类观点认为，强制执行一种慷慨大方的保险标准有一个实际的理由，即我们中的任何人，如果在某一天被诊断出有某种潜在的不健康的状况，那么，我们都可能想去买保险；我们愿意花更高的保险费来给自己保险，也不愿自己成为不能被保险的人。

设想一下，如果从一出生，我们就知道自己会得的所有疾病和健康问题，以及将会发生什么，那么就可以看出，两类观点确实是不同的：第一类观点会继续兴盛，而第二类观点会逐步灭绝。我只批评那些赞同，或者声称赞同第一类观点的人。

在税收政策方面，存在一种类似的差异。一类观点从道德方面印证再分配制度的合理性；但是赞同这种观点的富人却无法找到真正合适的答案来回答我的问题：为什么他们没有自愿提高他们自己的税额？而另一类观点从完全实际的角度来印证再分配制度的合理性，比如说："如果我们不给穷人以帮助，那么他们的周围就会滋生犯罪和瘟疫。”赞同这类观点的人，回答起我的问题来就很容易了：“穷人，以及随之而来的社会问题，将会永远伴随着我们，除非我们进行大规模的收入再分配。”目前最雄辩的经济学家（以及最雄辩的社会学家）都是这么说的。以下是乔治·萧伯纳的话：

> 许多富有的女性，虽然她们应该比任何人都清楚，一个女人，是无法决定生来是富有还是贫贱的，却常常有一种负罪感，而且会耻于谈到她们自己的财富。因此，她们常常会投身于慈善事业，来舒缓她们一种病态的良心。她们常常认为社会主义（该国 20 世纪初的社会民主主义——译者注）是一种仁慈的事业，是为穷人谋利益的。我极其反对这种观点……现在，我们给失业者一份失业救济金，不是因为爱他们，而是因为如果我们丢下他们不管，让他们挨饿，他们就有可能砸我们的窗户，最终会来抢我们的商店，烧我们的房子。

因此，现在争论点集中到这里了：向生产者征税来维持福利体系是很公平的，因为如果没有了福利体系，这些生产者会更容易成为偷盗的受害者。

但是这种逻辑所导致的结果，我估计即便是它的支持者，也不愿意看到。咱们换一种方式来表述一下这种逻辑：应该强迫有魅力的人时不时提供一些性服务，这样做是很公平的，因为如果没有这种制度，这些有魅力的人更可能成为强奸的受害者。有人会得出这样的结论吗？如果没有，就该去对萧伯纳的福利维护论进行一下反思了。

事实上，这种类比不但从实际方面驳斥了福利金制度，而且从道德角度也对福利金制度进行了驳斥。如果从本质上说，用现金来补助那些天生没能力去挣一份体面的收入的人，是非常公平的，那么，同理，我们是否可以这样认为，用性来补助那些天生不会去吸引合意伴侣的人，从本质上说，也是很公平的呢？

吸引伴侣的潜能和挣钱的潜能一样，都是天赋的安排。我不相信在这种抽奖一样的事情中，我们会有机会让自己总走好运。但是，也许在你排队等着上帝给你安排外貌和个性时，你会非常幸运地签到这样一个合同，要求那些有魅力的人们（不管他们是谁）假装对周围那些毫无魅力的人表现出极大的兴趣。

我想，我们大多数人对在现实世界上强制执行这种合同，都会感到相当厌恶。拥有魅力肯定是一个运气的问题。而这种运气老天爷肯定不会是非常公平地分配的。如果老天爷事先征求我们的意见，我们肯定都会希望老天爷会更加公平地分配这种运气。而通过高压政治（coercion），以牺牲那些处于优越地位人的利益，来改善那些运气最差的人的生活，肯定也是行得通的。但是，是否会有人质疑，这种高压政治将会是极端错误的呢？ 也许，通过思考一下为什么这种高压政治是错误的，我们可以学到一些东西。

除了天赋之外，大自然还赋予了我们才干和尊严。所谓“才干”，我指的是某些技艺和素养，我们可以以之谋生、吸引朋友和伴侣、取得我们大多数的成就，以及从失败中恢复过来；这些才干包括：智力、美丽、毅力和对重大机遇的把握。虽然这些才干都不是公平分配的，但是我们每人都有这么一种观念，即既然给了我们，就是我们自己的才干。它属于我们。而尊严是对这种所有权的一种自豪感。

也许，如果在前生相遇，我们会同意去分享我们的才干这一老天爷的恩赐。但是这也不能说明你可以通过强制执行我们之间的协议去矫正这些天生的意外，也就是老天爷赋予我们的才干。所谓强制执行，就意味着拿走某些人的所有权，把它们给其他人。但是你会不可避免地造成一些间接的伤害：拿走一个人的某种所有权，你肯定会伤害他的尊严。

这正是为什么我们不敢进行强迫性的性行为的原因，甚至是在履行某种契约的时候，这种契约我想每个人都可能签过。在现实世界中，我们的尊严是需要某种认识来维持的，即我们的身体属于我们自己。如果我们被迫承担某种义务，而我们事实上从来就没有承诺过这种义务，那么，这种所有权的感觉会被击得粉碎。

同样，我们的尊严也需要这样的认识来维持，即我们的劳动成果属于我们自己，而这个事实很自然的一个推论就是，我们拥有那些使我们的劳动富有成果的才干。把这种认识击碎是非常残酷的，从更深层次上说，是不公平的。

其实这全都是关于对称性的问题。我们认为在某种环境下错误的东西，在另一种类似的环境中，也一定是错误的。强奸和偷盗都侵犯了我们的尊严，因为它们都侵犯了我们的所有权。如果你反对其中一个，你就必须也反对另一个。因此，在最后，我要说，再分配是一种偷盗行为。这就是为什么我们不允许孩子们在游戏场上强行重新分配玩具的原因。

为天才和进取心付费

在结束之前，我想再提一种论点，这种论点我不太肯定是正确的，但是我认为，它正确的可能性比错误的可能性要更大一些。无论如何，它和本章中的其他论点都迥然不同。

一天，一个机灵的 19 岁女孩告诉我，如果她在 19 岁和 21 岁期间，拥有无尽的收入，那她就愿意在 21 岁时幸福地死去。我告诉她，我不相信她说的，因为如果收入对她来讲是如此重要的话，她就会出去挣钱而不是在这里和我闲谈了。她又对我说，如果可以的话，她肯定会出去挣钱了，但是很可惜，在她周围几乎没有什么机会。她的这一番话不禁让我打了一个冷战。

几乎没有机会！这就说明这个年轻的姑娘已经调查了她周围的世界，发现确实和她认为的那样，没有任何机会！不需要满足什么需求，不需要提供什么改善，不需要做什么贡献。如果我们都和这个年轻姑娘一样茫然的话，她和我们就会都住在洞穴里，而不是房子里了。

有一种品质，我不太清楚该如何称呼它，但是大概是进取心的意思，它包含了许多内容：极强的感受能力，知道需要去做什么；丰富的创造力，能够搞清楚该如何做；坚定的毅力，最终完成自己的想法。那些等着合适机会到来的人，以及那些还在担心自己搞不清楚自己的职位说明书的人，正是缺乏这种品质。

经济增长要靠技术进步，而技术进步是要靠进取心的。人们无法想象如果没有阿尔伯特·爱因斯坦，没有托马斯·爱迪生，没有亨利·福特，这个世界会是什么样子。也许其他人会立刻出现，重复他们的成就。但是我猜想不会是这样的。

事实上，我认为，世界级的进取心是非常罕见的，因为，世界级的天才看上去也是很少见的。就说棒球吧。比较一下美国全国棒球大联盟的球员和小棒球联盟的球员，很明显，前者1000个最好的棒球手要比后者的1000名棒球手优秀得多。在一个拥有

2.6 亿人口的国家，大约 1000 名美国全国棒球协会和盟国棒球协会的球员就组成了精英阶层，但也只占总人口的 0.0004%。

现在想象一下，在所有玩棒球的人中，顶尖的占 1%，也就是说，在全国 2.6 亿人口中，顶尖的选手有 260 万，把他们都找出来，再把他们都赶出职业体坛。那么，此举对这项运动质量的影响，将会是灾难性的。

如果我们在进取心方面从全国人口中找出顶尖的 1%来，并且不让他们参加经济活动，我估计，将会发生和上面所说的非常类似的事情，当然我并不知道到底会发生什么。我估计，如果你从公元 1000 年开始做这件事，那么，现在我们会仍然生活在中世纪那样的年代。

如果我的猜想是正确的，那么，像上面提到的那个年轻姑娘那样的人，他们的繁荣幸福，几乎都要归功于极少数的科学家、发明家和企业家了。在我看来，当我们在考虑社会义务时，应该把我们的这份欠债考虑进去。

我想，对于世界上那些比我们更有进取心的人，我们应该心甘情愿地给他们付一大笔钱。但通常情况下，我们却向那些天生具有进取心的人收费，让他们比别人缴更多的税！这也许违反了某种不成文的合同。如果确实是这样，而且这些不成文的合同是收入再分配制度的基础，那么，也许是我们的累进税制的再分配方式不对。

学识比思想更重要

以下是我想让我的女儿知道的事情。

我想让她知道，公平并不意味着全部，但是同时我也要让她知道，它远不是毫无意义的东西。

我想让她知道，对何为区分正误的标准进行深入的思考、从基本原理上进行深入思考，是非常重要的。

我想让她知道，经济学家们有一些非常有用的思考问题的方法。1953 年，一位叫约翰·海萨尼（1994 年诺贝尔经济学奖得主——译者注）的经济学家发明了一种比喻，他把社会义务比作是履行生前订立的契约。1971 年，有一位非常有影响的哲学家，叫约翰·罗尔斯，他就运用了这种契约，作为他的著作《正义论》（*Theory of Justice*）的理论基础。这本书一出版，立刻在关于正义的哲学著作中，占据了主导地位。而他所说的契约，是在一重“无知之幕”（veil of ignorance）的背后签署的，这重“无知之幕”使我们无法知道我们自己生来会具有哪些特质。但是据我所知，没有一个搞哲学的人曾经想过去进行一个简单的思量，估计一下这些契约真正要求我们做什么。我们需要经济学家们去仔细思考一下这个问题。

我想让她知道，追求学识和思想是一件非常崇高的事，而且常常可以先后进行。但是我想让她知道，当两者发生冲突时，学识更重要。因此，虽然我认为收入再分配制度是一种罪恶的制度，虽然我认为，自己已经用最简化的诠释充分驳倒了霍彭哈恩和卡恩的分析，但是我不得不承认，他们的分析在我的脑海中留下了挥之不去的疑问。

我想让她知道，运用某些骇人听闻的类比，常常是打击虚伪的陈词滥调的最佳武器。我还记得我在前面用过的性和收入之间的类比。还有一个，虽然我还不太确定该如何去做这个类比：一些人，他们的收入来源不太吸引人，但是他们必须靠它来谋生，如体力劳动者，会赢得我们的同情。而另一些人，他们的交易来源不太体面，但是他们必须靠它来得到交易，如性工作者，就会遭到我们的鄙视。也许这意味着我们至少应该反思一下我们的态度。

我想让她尊重进取心，争取拥有一种进取心，而且对别人的进取心表示感激。

凯莱，通过你的思想、你的行动，以及任何你的能力所及，让世界变得更加美好。并且，不要给别人增税。

FAIR PLAY

第11章

谴责该谴责的人

当一件坏事的真正受害者在寻求赔偿时，他不是从真正干坏事的人那里要求赔偿，而是从一个毫不相干的旁观者那里要求赔偿，这是什么逻辑？来到这个世界才两年，我女儿就已经领会到：要谴责该谴责的人。

为什么替政府的错误买单？

在美国，政府并不总是一种向“善”的力量。例如，在第二次世界大战期间，许多日裔美国人被拘留。20世纪50年代，许多毫不知情的公民被偷偷进行了辐射实验。还有，黑人曾经在南方被奴役了几十年。

这些事件中的合法的受害者已经要求政府进行赔偿，并且已经取得了不同程度的成功。他们辩词的根据是一项公正的基本原则，即如果有人做了一件坏事，就应该强制作恶者对受害者进行赔偿。

这项原则是好的，但是和我们的问题毫不相干，因为这些特定坏事的作恶者不可能对受害者进行赔偿。在许多案件中，当时的狱卒和科学家已经去世很久了；不管怎样，他们永远也不会有足够的资金去支付他们所做的坏事的代价。

但是，司法的基本原则却不是这样的：当有人做了坏事后，就要强迫一个无辜的第三方去赔偿受害者。就我个人而言，我从来没有拘禁过任何人，不论是日裔美国人还是其他什么人。我也从来不知道如何进行辐射实验。但是，我和美国的其他纳税人，大多数和我一样无辜，当这个政府过去对民众造成了伤害，现在想去消除所产生的影响时，却号召我们替政府买单。

一旦政府做错了事，政府就应该赔偿，这说起来很容易，就跟说其他许多毫无意义的事一样。但是，事实往往是这样的：约翰伤害了玛丽，然后约翰消失了，于是，现在玛丽要鲍勃来赔偿她。

你也许会说，鲍勃应该对他的政府的行为负责，就像一个比萨店老板应该对他的司机的行为负责一样。但这是一个很不恰当的类比。比萨店老板可以选择他的司机和司机的路线，但鲍勃却不能选择那些被选举出的官员或者他们的计划，这些官员是通过鲍勃邻居的投票决定强加给鲍勃的。

剥夺别人的劳动成果可以获得利润，但是通常在良心上很难过得去。这也就是为什么19世纪的奴隶主接受了种族主义思想的原因，这有助于安抚他们良心上的不安。20 世纪的政治家们也采取了类似的策略，为了证明他们的累进税制的合理性，他们把那些高税收的受害者都妖魔化了，称之为经济掠夺者。

同样也会发生这样的事，当一件坏事的真正受害者在寻求赔偿时，他不是从真正干坏事的人那里要求赔偿，而是从一个毫不相干的旁观者那里要求赔偿，而且那个旁观者那时肯定会不知何故被描述为应该对这件罪行负责，其实他根本就什么都没做！

处处得到维护的弱势种族预留制（以及更普遍的平等权利计划），被认为是对过去奴隶制的一个公平的补偿。不幸的是，这些计划、方案的成本大部分被白人承担下来了，但是这些白人的祖先，是在奴隶制被废除后很久才来到美国的。奴隶制是有一种挥之不去的影响，但是种族优先制不是消除这种影响的办法，它只会把这种影响从一方无辜者转移到另一方无辜者。

最近，我在杜克大学把这些讲给许多大学生听，其中一个学生做了一个非常有见地的观察报告，他说，美国黑人所受的压迫并没有随着奴隶制的消亡而终结。他认为，甚至在 20 世纪，一个移民家庭来到美国，他们也能从奴隶制灭亡后又实行了几十年的种族隔离制和《吉姆·克劳法》中（指美国南方各州的歧视黑人立法）获益。

对于他的观点，有两个答复。我先大致提一个，再详细说说另一个。首先，美国地域辽阔，差异很大。很难讲住在纽约下东区的一户意大利移民可以成为密西西比种族压迫制度的受益者。

第二个答复并不是那么显而易见了，但是更重要。答复是这样的：《吉姆·克劳法》是一个在种族之间进行贸易的壁垒。而经济学家们都知道，一般说来，贸易壁垒对所有人都是有害的。白人们不得为黑人顾客服务，不得投资黑人的企业，不得雇用黑人工人，不得给黑人雇主工作，他们是《吉姆·克劳法》的受害者，而黑人的遭遇也是一样。

谁否认这一点，那他的经济学就有问题了，而且他还可能成为种族主义者。《吉姆·克劳法》不让黑人和白人做生意，同时也不让白人和黑人做生意。于是，无权和白人做生意就是一种压迫，而无权和黑人做生意就不是什么大事，谁会这么认为呢？

当然，大家都知道，《吉姆·克劳法》是由白人选民制定并颁布的，因此，人们就很可能认为这些法律一般会对白人有利。但是这种逻辑需要一种民主理论的支持，而这种理论往往和我们的实际经历相左。食糖补贴、烟草补贴、花生补贴以及马海毛补贴，都是美国选民颁布执行的，但是，没有一个理智的人会认为，这些补贴一般是对美国人有利的。相反，它们有利于一小撮特殊的利益团体，而这些利益团体在利用政治权力剥削大家。我们大家也都知道，《吉姆·克劳法》并不仅仅是一个贸易壁垒，它还意味着很多。它涉及侮辱的严重程度，从对水源实行种族隔离使用，到对公共教育实行种族隔离，提供不公平的学校教育，等等。因此，毫无疑问，《吉姆·克劳法》使黑人的负担要远比白人的沉重。但即便如此也远不能说白人是受益者，而且也远不能说在《吉姆·克劳法》的庇护下，白人享有许多生活的特权，因此这些白人就欠着黑人些什么。

游戏场上的谴责制度

因此，就存在一种政治上的争论，就是说，如果我们采用游戏场上的标准来行事，就根本不会存在任何争议了。例如，如果约翰偷了玛丽的沙桶，没人会想让无辜的鲍勃去给玛丽赔偿。

凯莱在两岁的时候开始上学前班。那时，我喜欢坐在父母观察间里，透过一个双向玻璃照看她。一次，我的思想开小差了，这时，凯莱突然摔到地上，哭了起来。老师过来问她怎么回事，她却哭个不停。老师就问旁边的孩子，大家都不说话，最后，一个小姑娘才说："摔倒了。"老师问凯莱："你摔倒了？"她一边哭着，一边纠正说："一个小男孩把我推倒了。"老师就开始严厉地批评埃里克，因为他是在旁边唯一的男孩子了。这时，凯莱镇静下来，打断了老师，坚定地说："不是埃里克，是欧文。"

来到这个世上还不到两年，凯莱已经领会到，要谴责，就要谴责真正应该谴责的人。虽然埃里克和欧文都属于同一个集体，但是这也不能让埃里克为欧文的行为承担责任。

（虽然关系不大，但我还是想讲讲这次推人事件的后果。大约一个星期后的一天，我正在给她读一本书。上面有一个小男孩的照片。我问她，她是否知道这个男孩的名字。她没有回答。“是丹尼吗？”“不是。”她轻轻地、不太肯定地回答。“是埃里克吗？”她又给了我一个同样的回答。“是欧文吗？”她的脸立刻涨红了，咧着嘴笑道“不是”，并且拼命地摇头。第二天晚上睡觉的时候，关了灯，给她讲完故事后，她渐渐闭上眼睛睡着了，但小声嘀咕着“欧文……”）

当一个孩子伤害了另一个孩子后，没人会同时责备其他的孩子。而当一个成年人伤害了另一个成年人后，至少当他是在政府的名义下这么做时，其他的成年纳税人此时就会被要求分担改正错误行为的费用。

为什么会是双重标准呢？更重要的是，这种双重标准能被证明是合理的吗？我认为，答案可以是一种有条件的“肯定”。的确存在一种合法的正当理由，这种理由有时适用，有时却不适用。这种合法的正当理由是这样的：因为压迫少数人比起压迫多数人来，更容易逃脱惩罚，因此，制定这样的法规就很有用处了：规定对于每一次压迫行为，多数人都必须最终对少数人进行补偿。但是这种法规会带来这样的可能性：多数人会起来反对这种对少数被压迫者的保护。

前面提到的那种正当理由就成了宪法第五修正案中“征用条款”的基础，这项条款实际上是说：如果政府不进行补偿，它就不能征用你门前的草地，并把它建成一个公园（准确的表述是“私有财产不得在没有适当赔偿的情况下，被征为公用”）。

或者更准确地说，因为政府从来不会为任何东西进行补偿，所以，如果政府想征用你门前的草地，建造一个公园，它就必须强迫许多其他纳税人对你进行补偿。第一眼看上去，就知道情况并不是这样的，这个征用条款就没有包含任何简单的道德准则，如“你不得偷盗”。它的意思却是：“你不得偷一个人的东西，但是可以偷几百个人的东西。”

如果从字面上解释，征用条款将会禁止大多数的税收，因为大多数税收（自然包括所有以收入再分配为目的的税收）都包含以下的情况：征用私有财产而没有适当的补偿。但是，传统的（以及非字面的）解释却允许那种类型的征用，不过，它又禁止征用一个土地所有者的土地而不进行补偿。如果征用条款按常规加入某种基本的公正原则或道德原则，那么就不会出现这样的区别了，因为没有了这种区别赖以存在的基础。但是如果转而把征用条款当作一种实用的手段去控制政治上的贪婪，就非常有意义了。一个不诚实的政治家，如果他的行为只会引起一个选民的注意，他仍然会毫不犹豫地继续不诚实下去；但是，如果这个不诚实的政治家被迫选择他的行为或者引起大家的注意，或者根本不要引起任何人的注意，出于谨慎，他也许会选择后者。

前面说过的正当理由也使我打算提一条宪法修正案，给每个人的税额定一个上限，比如是平均税额的5倍，如此一来，如果2000年一个美国人平均缴税1万美元，那么，所有美国人当年的税额都不得超过5万美元。这样，就迫使政策制定者们不得不把任何一个新的政府开支负担分摊到许多纳税人头上，因而使得政府扩张必定遭到广泛的反对。

政府的权力必须得到被统治者的支持，因为它是受到被统治者的限制的。革命的威胁，或者至少是群众的不满，是一种有效的“向善”的力量。我们可以通过各种法律和制度来控制这种力量，如征用条款或者我提出的税额上限修正案，这些法律和制度可以规定，每项新的政府费用，必须得到广泛的分摊。这样，政客们就不会去冒险讨好10%的选民，而冒犯其他选民了。

对政府的错误进行事后补偿的机制，也可以用来控制上文提到的那种“向善”的力量。如果选民今天缴税来补偿昨天的错误，那么，他们就会更加警惕，与今天的错误作斗争，以免明天去缴税来补偿今天的错误。在游戏场上也可以使用类似的规则：如果任何一个孩子有不良行为，那么，所有的孩子都得受罚（这样的规则在占领区和战俘营里都得到了成功运用）。这种规则可以有效地让孩子们互相监督彼此的行为，而且好像也说得过去。但是，如果说这是一种公平的方法，那就纯粹是谎言了。

FAIR PLAY

第 12 章

遗产怎么分？

如果父母们不用遗产来平均孩子们的收入，那么他们用遗产做什么呢？当父母按他们的想法分割财产时，他们所依据的道理又是什么呢？

家庭也会“劫富济贫”吗？

比喻就像耍把戏一样，常常通过欺骗的手段，让我们眼花缭乱。我们来看看一种常常出现的比喻：把社会比作一个大家庭（而做这个比喻的人或者他的亲信，常常是这个家庭的首领）。随后，做这个比喻的人就会喋喋不休地说，一个家庭，是不允许其中一个成员生活蒸蒸日上，而另一个却在艰难度日的。因此，我们还需要一些东西，比如一个涵盖更广泛的福利体系，或者一个更好的累进税制。

注意这种带修辞色彩的花招。当你们还在考虑社会是不是真的像一个大家庭时，我已经在暗地里考虑这个完全是捏造的“事实”了：家庭会“取富济贫”。从遗愿和遗嘱来看，往往不是这样。毫无疑问，大多数父母的财产，会平均分给他们的孩子，即便是有的孩子比其他孩子要富有得多。[①]遗产是在你最爱的人中进行收入再分配的最后一次机会；如果大多数父母放弃了这个机会，那么，利用税收制度在陌生人之间进行收入再分配时，就几乎没有任何与家庭有关的因素了。

一个非常聪明的人也许会说，与父母给予孩子们的其他礼物相比，遗产不是最重要的，这些礼物包括时间、关怀、教育，甚至还有现金。有时，这些礼物并不是十分平均地分配的。因此，这个聪明人认为，家庭的运作，也许仍然是像一个福利国家一样，即便遗产并不是用于转移支付的首选媒介。

那么，首选的媒介是什么呢？会是学校教育吗？这一点我们需要仔细考虑一下。在你的孩子当中，你最想把谁送去上大学呢？是你最聪明的孩子，还是你那个不太聪明的孩子？最聪明的孩子会充分利用这次教育机会，而你那个不太聪明的孩子则需要

---

① 这方面的根据要比我想象的少。我读过大约6篇关于财产分割的论文，大部分论文都发现，在常规情况下，财产都是平均分割的，至少在富有的家庭是这样的。有一篇论文也发现了一个例外，是发生在俄亥俄州的低收入家庭中的，在那里，有许多家庭并不是平均分割财产的。我很想知道，这是不是因为低收入家庭投入了更大的精力去说服自己，公平就是要平均分配财产，减少财产上的不平等。

得到你尽可能多的帮助。即使你有一种平等主义的冲动，把你的所有尽可能多地给那个不太聪明的孩子，但是，问题的解决方法是，把那个聪明的孩子送去上大学，作为补偿，把遗产给那个不太聪明的孩子（或者其他现金礼物）。这种策略最大限度地利用了家庭的所有收入，使你的两个孩子都从你那里得到了更多的益处。因此，即使父母非常想使孩子们的收益平均化，但是，父母不会为了实现这个心愿而把那个不太聪明的孩子送去上一所更好的学校。 好吧，如果不是学校教育，那么会是时间和关怀吗？我们有很好的理由相信，这些礼物对于孩子来说，是非常宝贵的，因为小型家庭的孩子得到的时间和关怀更多，而且他们在学校也表现得更好。我有一个孩子，她一开始就比我邻居的两个孩子有优势得多，而那两个孩子又比我另外一个邻居的三个孩子有优势。

有一种很荒谬的理论说，家里的老大一般比他的弟弟妹妹要有成就得多。事实是，一个没有兄弟姐妹的孩子，比如我的女儿，是目前为止最有成就的。因为这样的孩子常常被算作家里的老大，这样就夸大了统计数字，使家里的老大看上去表现得更好。但是如果所有这些来自独生家庭、颇有成就的孩子被算作家里的老小，那么，就会是家里的老小看上去表现更好了。

在一个大家庭里，老大和老小在阅读与词汇测试方面都比他们的兄弟姐妹的表现要好得多。也许这是因为老大和老小都有那么几年受到像一个独生子那样的待遇。

独生子的成就提示我们，时间和关怀是非常宝贵的，而且因为它们非常宝贵，父母常常把它们当作一种再分配的媒介，把更多的时间和关怀给那些没有多少天赋的孩子。但是，有许多理由让我们产生另外的一些疑问。首先，存在一种可能性，就好像教育一样，只有当时间和关怀被投到最有能力的孩子身上时，它们才是最宝贵的。其次，即使父母想把他们的时间和关怀转投到最需要的孩子身上，他们也常常很难完成，因为通常老大和老小会守株待兔一样地意外得到许多时间和关怀，不管他们是否特别需要。

因此，一般的惯例是，收入再分配的最好方法不是通过学校教育或关怀，而是通过遗产。如果父母想重新分配收入，他们应该运用遗产作为媒介。但是，好像很少有父母用遗产来进行再分配。我想我们可以这样认为，父母们并不认为重新分配收入是特别重要的事。

这里，可以做几轮辩论和再辩论。我已经指出，当人们平均分割他们的财产的时候，他们就是在拒绝一次重新分配收入的机会。你可以做一个合理的反驳说，平均分配财产就相当于对收入再分配的接受；如果父母真的不喜欢再分配，他们就会给他们较富裕的孩子留较大的一份遗产，以此来抵消累进税制给那个孩子带来的损失。但是，这样一来，就必须有一个彻底的分析来解释这样的事实：关心总体税后遗产多少的父母，往往会给他们那些处于低税级的孩子留得更多，而父母们没有这么做的事实，就进一步证明了他们不想进行再分配，即使税法会因为进行再分配而奖励他们。

无论怎样，美国政府在陌生人之间进行收入再分配的程度，比美国父母在自己孩子之间进行收入再分配的程度要大得多。如果政治家们希望我们的社会更像一个家庭，他们首先应该使税制的累进程度小一些。

无法公平的遗产计划

我曾经说过，如果父母想进行财富再分配，他们不会以学校教育和关爱作为手段，而是通过遗产，这是一般规律。但是这个一般规律有个例外，即在相对贫穷的家庭中，遗产和现金赠予肯定会很少，教育和关爱就成了进行再分配的唯一可选手段了。

如果这个理论是正确的，那么，它就会暗含一些令人吃惊的意思。例如，我们会希望富有的大学生比贫穷的大学生更聪明一些，即使一般说来，富有的大学生并不比贫穷的大学生聪明多少。这是因为，当一个富有的家庭要送两个孩子中的一个去上大学时，他们会选择送较聪明的那个孩子（用一些其他的方法来补偿那个不太聪明的孩子），而一个贫穷的家庭要送两个孩子中的一个去上大学时，他们常常会送那个不太聪明的孩子（为了对他的愚钝进行补偿）。

这个理论的另一种含义是：像启蒙计划这样的方案，就没有它的设计者预期的那样有效了。如果小约翰尼意外得到了启蒙计划的资助，那么，他的父母为了补偿他的兄弟姐妹，就会在他们身上花更多的时间，而小约翰尼却得不到。

顺便说一句，现在出现了一个令人啼笑皆非的局面。一般说来，坚持认为大多数人都是天生的财富重分论者的那些人，也同样会坚持认为，像启蒙计划这样的方案是有效的。但是像约翰尼父母那样的财富重分论者，他们的再分配倾向越强，约翰尼自己从启蒙计划中得到的好处就会越少。

如果父母们不用遗产来平均孩子们的收入，那么他们用遗产做什么呢？当父母按他们的想法分割财产时，他们所依据的道理又是什么呢？

我喜欢这种理论：父母们认为，给每个人一样多，在本质上来说是公平的。但是为了检验这个理论，我们需要在父母还活着的时候，更深入地了解一下这种对父母的赠予所进行的再分配，这些赠予包括教育、时间和关爱。不知道我所钟爱的这种理论能否经得住检验。

还有一种理论是说，遗产就是一个错误。根据这个理论，父母会宁愿在去世之前，把所有他们得到的东西都花光。之所以会留下一些东西，唯一的原因是，死亡来得太出乎意料。但是如果这种理论是正确的，我们应该会看到，老人会把他们所有的积蓄拿去买养老金，因为这会给他们的生活带来一份非常有保证的收入。但是，这种养老金的市场是有限的，说明人们还是愿意在死后留下些东西。

还有一种理论是说，父母是受一种“策略性遗产动机”（strategic bequest motive）的控制，想用他们的财产来换取他们长大了的孩子对他们的关爱。取消继承权的威胁会使那些孩子守规矩些；当这种威胁还起作用的时候，没有人会被真正取消继承权。有一个理由可以让我们相信这个理论：经济学家们发现，如果父母有大量财产可以留作遗产（如股票、债券等），他们的孩子们来探望的次数就多，如果父母没有什么可以继承的财富（如只有养老金），那么，他们的孩子们来探望的次数就要少许多。这种策略遗产动机没有明确地预言要平均分配财产，但也不排除那种可能。

与策略性遗产动机相类似，我们还可以假设一种“策略性赠予动机”（strategic gift motive），用在父母还健在的时候。如果哪个孩子境遇不好，以后有可能给父母带来负担（如回家与父母同住），那么他就会得到父母额外的帮助，父母希望这个孩子可以尽快自立［我们还可以假设这个题目还有一种变体，如“策略性教育动机”（strategic schooling motive），这就解释了为什么水平较差的孩子会得到额外的教育，是因为父母希望这个孩子变得对学习更有兴趣，学得更好］。在立遗嘱的时候，这种策略赠予动机就会消失得无影无踪，曾受宠的孩子就不再会受宠了。

遗产动机和经济政策常常会以某些令人吃惊的方式相互影响。一个赤字财政的减税效果会取决于大多数父母是无私的还是很有策略的。无私的父母会把减税省下的钱存起来，留给他们的孩子，因为他们的孩子肯定会在将来的某一天还清政府所有的债务；这些存款将使利率下降。而讲策略的父母会把减税所得的大部分都花光，这就会引起利率上升。

这种对财政政策的互动影响，近些年来引起了经济学家们对遗产动机的关注。但是，研究遗产更深层次的原因是，它揭示了人们一些本能的公平感。这种本能的感觉是我们在经济政策各个方面最好的指导。

FAIR PLAY

第 13 章

人越多越有利

一个人的出生会带来很多收益，最明显的就是给你的父母带来了更多笑容；如果你发明了一个更优良的捕鼠器，那么成千上万的人都要欠你的情了；就算你只是微笑，你也能为成千上万的人的生活带来光明。

人口增长的良性循环

老牌电视节目玛丽·泰勒·摩尔剧场的主持人——特德·巴克斯特打算要六个孩子，因为他希望这些孩子中有一个长大后能解决世界的人口问题。特德是个蹩脚的新闻主播，同时他又是个天生的经济学家。他的基本观点完美无缺：人能解决问题，所以有了更多的人就能解决更多的问题。

你比你的祖父母更富有的原因，以及你的子孙将比你更富有的原因是，每一代人都因为自己祖先的创造力而获得了更多的自由。上一代人，你的父母，可以自由地在三个电视频道之间选择——可能还是黑白图像呢，但电视上播出的节目还不能被录下来以备日后重放。他们使用电子打字机，其中最先进的一种型号具备一种非常不可思议的创新：按一下“删除”键，就可以自动擦掉你所打的最后一个字母。如果你想擦掉最后一个字母之前的那个字母，你可就没那么顺利了。

我们今天享有很多便利的设备，因此我们应该感谢那些有线电视、录像机和个人电脑的发明者。我们还要感谢幸运之神的垂青，正是有了这样的好运气，他们的父母才没有加入“人口零增长”的行列。

技术进步是推动繁荣的发动机，而技术进步不仅仅是指工程技术上的业绩，也包括设计出了新型的保险合同，制定了更完善的法律体系，以及改良了农作物轮作模式，等等。人越多，主意也就越多。主意越多，我们的成就也就越多。

麻省理工学院的一位经济学家，迈克尔·克莱默，曾经从人类100万年的历史中搜集资料，用以支持下面这个理论：人口增长推动了技术进步，技术进步推动了经济发展，而经济发展又推动了人口增长，这就完成了一个良性循环，因为越富有的群体能养活的孩子也就越多。研究的结果使克莱默教授支持了特德·巴克斯特的理论。

克莱默教授的论点基于这样一种假设之上，即如果世界人口是现在的两倍多，那么其中出生的天才也是现在的两倍。更多的人口可以发展出更先进的技术，同理可证，规模最大的高中通常拥有最棒的橄榄球队。但事情甚至比这还要好呢。一个出色的四分卫只是一个出色的四分卫，但是一个出色的发明家却能教育每个人，使每个人都变得更加富有创造力。而且四分卫毕业后他的贡献也就结束了，但发明家的贡献却可以永世流传。

为什么从人口规模上获得的收益甚至可以超过克莱默教授的乐观估计呢？原因有两个。第一个是，天才倾向于相互激励，因此2000个天才产生的主意可能比1000个天才产生的主意的两倍还要多。[①]第二个原因是，更多的人口意味着发明将有更大的市场，因此也就意味着发明家有了更加努力工作的动力。因此，人口增长不仅有利于产生更多天生的天才，也鼓励我们当中智力平平的人将自己的才智发挥到极限。

事实上，里士满联邦储备银行的两名经济学家正在做这方面的研究，最近他们在《美国经济评论》（*American Economic Review*）上发表了一篇文章，认为工业革命引发了大规模持续不断的人口激增，同时也激发企业家们进行了大规模的创新，而这一切，都不得不等到世界市场发展到足够大后，才获得了回报。

---

① 另一方面，你也可能会反驳说，天才也倾向于相互排挤。如果在冷聚变方面，你隔壁的天才很可能会超过你，抢在你前头申请到专利，那你为什么还要花费青春时光去研究冷聚变呢？

自工业革命以来（大约200年之前），扣除通货膨胀因素，美国人均收入年均增长1%到2%。其结果是，现在美国人均实际收入（当然也是扣除通货膨胀因素后的）是乔治·华盛顿时期的20倍，是20世纪初的6倍。在世界范围内，人均收入在过去200年间增长了大约10倍。

想更好地了解那些增长率意味着什么吗？你可以想象一个中产阶级的美国人，一年的收入是5万美元，他希望他的孩子25年后（从现在开始算），能够在社会经济生活中同样占据中间一级。人均收入按1.5%的适度增长率增长时，那些孩子将来的收入（扣除通货膨胀因素后）将相当于一年7.3万美元。接下来，那些孩子的孩子的收入将相当于一年10.6万美元。

如果你觉得，我们能如此之快地生产出那么多财富让你感到难以置信的话，那么请记住，这是从一个有200年历史的趋势中得出的推断（事实上，我们假设人均收入增长率为1.5%，这让我们的推断有所保留）。你还要记住，任何历史性的进步在发生之前似乎都是不可思议的。公元1世纪的朱利叶斯·弗朗提努写道："发明创造在很早之前就已达到极限，我觉得进一步的发展是不可能的。"而实际上，近来美国专利局每年都批准大约10万项专利，这一事实就证明了他的预言是不正确的。更多的人口，更高的产品品质和不断增加的收入不是且绝对不是提高我们生活水平的唯一途径：我们还需要更多的闲暇时间和质量更好的产品供选购。

100年前，人们一周的平均工作时间超过60小时；而今天还不到40小时。100年前，只有6%的产业工人可以休假；而今天，90%的产业工人都可以休假。100年前，男子在十一二岁的时候就加入了全职的劳动大军；而今天，全职劳动大军中的青少年数量基本上是零。100年前，只有26%的男工在65岁的时候退休；而今天，65岁的男性中超过80%的人已经退休了。100年前，家庭主妇平均一天花费12个小时的时间来洗衣、做饭、打扫卫生和缝缝补补；而今天，家庭主妇做家务的时间大约是4小时。

要想了解人们生活质量的提高，你可以做一下这个实验：找出一个25年前的西尔斯公司（Sears）的商品目录，然后根据通货膨胀因素修正价格（在过去25年间，价格大约翻了两倍）。现在问题来了，你是宁愿以从前的价格买从前目录上的东西，还是愿意以今天的价格买今天目录上的东西？我敢保证你会感到震惊，在仅仅四分之一世纪的时间里，东西的质量就有了这么大的改进。或者，如果你喜欢，你可以选择诸如卫生保健服务这样的产品做实验。比如说，你是愿意以1950年的价格购买1950年那种质量的卫生保健服务呢，还是愿意以今天的价格购买今天这种质量的卫生保健服务？我敢打赌，其实任何一个见多识广的消费者都会选择后者，这就必定意味着，抛开所有大肆宣传的所谓的成本上升，今天的卫生保健服务还是比1950年的卫生保健服务更划算。

道理在于，可计算收入的增长，甚至是19世纪和20世纪可计算收入的显著增长，都没有完全说明我们经济状况的提高。美国一个普通中产阶级的可计算收入可能要比欧洲中世纪君主的可计算收入少得多，但这并不能妨碍美国人享受一种更加奢华的生活。亨利八世也许会愿意花半壁江山来换取现代水管、终生提供的青霉素和接入互联网，这也不是不可能的。

这种增长趋势会持续下去吗？当然没人知道，这就好比没人知道地球是否会在10年之内毁于一颗小行星的撞击一样。但是我们可以对其可能性做出一些有根据的猜测。我们明确知道的是，尽管有小幅的波动，但经济在过去200年间仍然保持着持续增长，且没有丝毫的衰退。我们还知道，所有这些经济增长都是由技术进步推动的。因此，我们可以进行一种合理的推测，即我们不会失去这种动力的原因是，技术进步能够进行自我“充电”：每一个新想法都有助于下一个新想法的更快出现。克莱默教授的观点是：不断增长的财富使我们可以养活更多的人口。把以上那些推断加入教授的观点之中，我们就可以得到新的方法来创造财富，那就是：更多的人可以想出更多创造财富的方法，因此我们完全有理由保持乐观态度。

一个怀疑论者可以很容易地指出，在一些国家或地区，庞大的人口会导致经济状况的恶化（当然可以拿中国香港特区的情况予以反驳）。然而无一例外的是，在那些国家或地区中，人口规模的天然优势——规模更大的人才库和大量的贸易伙伴，都被政府的政策削弱了，政府的政策不但限制对人们的创造性进行奖励，还减少了贸易机会。当人口增长的优势被消除后，剩下的就只有劣势了（有人也可能会反驳说，单个国家的人口并不是重要变量。因为在一个地方发明的东西，很容易在其他地方被抄袭，只有全世界的人口才是最重要的）。

这还不是全部。除了繁荣，庞大的人口还能带来很多其他好处。我们重视我们的邻居，不仅将他们看作潜在的贸易伙伴，还将他们看作潜在的朋友和配偶。我们尊重我们的孩子，其原因与他们的赚钱能力没有一点儿关系。很多人喜欢纽约而不喜欢蒙大拿，或者喜欢加尔各答而不喜欢周围的乡村，因为居住在众人之中有很多的好处。

世界的人口越多，这个世界就会越多样化。室内乐、滑翔伞运动和埃塞俄比亚风味餐厅只有在人口规模足够大、足够维持它们的地方才能生存下来。如果这个世界人口稀少，就不会有足够多的读者来证明这本书的出版是势在必行的了。我会一直关注这种现象，我希望你也和我一样。

最近，我收到了底特律一位读者寄来的一封信，这位读者说他所在的城市人口太多了，已经不再适宜居住了。我压根儿没把他的看法当真，因为他还是选择留在了底特律，这一点就可以暴露出，对于他来说，在人口密集的都市生活，利总是大于弊的。没有人非得住在拥挤的地方，除非他自己愿意。曼哈顿人会告诉你，他们待在纽约是因为这里有歌剧院、交响乐和工作机会，但这其实只不过是换了一种方式说他们待在纽约是因为这里人口稠密。

马尔萨斯是杞人忧天

托马斯·马尔萨斯——最让人感到沉闷的科学家之一，他用一个令人沮丧的预言迎接了19世纪，他的预言是说：不受控制的人口增长将无情地导致大规模饥荒和人类的不幸。但是他所说的情况并没有发生（至少现在还没有发生），没有发生的一个原因就是技术进步，技术进步能够使粮食的产量以几何级数提高（而且是不断地提高），而技术进步的动力正是马尔萨斯非常惧怕的人口增长。但是，比他未能预见到技术的飞跃还要更糟糕的是，马尔萨斯没有先见之明。他还没有认识到一些更为基础的东西。

你要过日子，你就有权利要求得到这个世界上的一份资源——鱼、石油、土地还有其他无数东西。马尔萨斯和他的追随者犯了个基础性错误（直到今天依然如此），那就是他们认为，当你要求得到那些资源的时候，你就会使你的每一个邻居都稍微少得到了一点。但是这种说法并不正确。想知道为什么不正确吗，那就想想你自己到底是如何得到那些资源的。有一些资源是你自己生产出来的，得到这样的资源不会让任何人失去什么。一些是你交换来的，这样的资源也不会让任何人失去什么（你可以从我这里得到一条鱼，但是，我也会从你那里换得一些对我来说更有价值的东西）。剩下的就是你继承来的，只有这个时候，你才真正地拿走了别人的一份。但是你继承来的东西并没有让整个人类的资源有所减少，不过你确实是从你的兄弟姐妹那里拿走了这些东西。

这就是问题的关键所在，尽管常常被人忽视。一想到拥挤不堪和人口过剩，人们往往会想象，比如，如果没生我，其他的人分到的馅饼就会稍微大一点点。但事实是，如果没生我，我的两个姐姐的的确确可以分到一块更大的馅饼，但是其他的人跟现在相比并没有什么变化。

这个简单的观察就可以完全推翻马尔萨斯的理论，原因就在于：这意味着每个家庭可以选择自己家庭的人口增长速度，但是没有一个家庭一定会因人口增长而陷入绝境，除非这个家庭自己愿意。如果你和我每人都拥有 1000 公亩[①] 的土地，如果我家每一

① 1 公亩 =100 平方米。——编者注

代的人口都是上一代的两倍，而你家却推行零人口增长，那么经过10代人，我的子孙每人拥有的土地不会超过一公亩，而你的子孙仍将拥有1000公亩土地。我家过度的人口增长跟你家没有什么关系（其实，如果有什么的话，你的子孙将会非常感激有这么多廉价劳动力可以在他们大片的土地上干活）。

深爱自己孩子的父母们都面临一种权衡：你生的孩子越多，你能给每个孩子的东西就越少。如何解决这个问题，人们理智的看法不尽相同。一些人发现，以贫穷作为一个大家庭的代价是可以接受的。另一些人则喜欢要更少的孩子而拥有更高的生活水平。这种争论是不需要什么解决方案的，只能说明大家的看法各异。

杞人忧天的人总想知道：我们这个地球到底能养活多少人口。这就是个根本错误的问题。你根本不需要担心这个地球能养活多少人；相反，你的注意力应该集中在属于你的那一份地球可以养活多少人，并且适当地调整你的家庭规模。如果其他什么人决定把自己的那一份资源变得更少，那么只有那些好管闲事的人才会提出抗议。

福音还是祸根？

在你出生的那天，你为这个世界既带来了成本也带来了收益。成本包括你对这个世界的资源的需求（而且你会不断地产生需求）。收益包括，你不断地为这个世界贡献出了你的思想、你的爱、你的友谊以及多样性。

我想问的是，成本是否会超过收益，或者收益是否会超过成本。换句话说：我们其余的人该把你的出生（或者其他任何一个孩子的出生）看作是一个福音还是一个祸根呢？

如果你想列出在与他人分享这个世界时，所带来的所有成本和收益，并以此来解决上面那个问题，那我还是希望你别这么做。列单子永远得不出什么结论，因为你永远不知道你忽略了些什么。在一个夏夜，你被困在了拥挤的车流之中，于是你就会记住你前面的那个司机给你造成了多大的损失，但是你却会忘掉发明汽车空调的人给你带来的好处。你会记住有个顾客，四处翻找自己的优惠券，使整个付款的速度慢了下来，但是你却会忘了在一个寒冷的冬夜，曾经有一个善良的陌生人帮你换过汽车轮胎。纽约人只记得去抱怨人多拥挤，却忘了如果没有这么多人，纽约就会变成锡达拉皮兹。

所以，不要去列什么单子了，还是让我们设想一下，你的父母在决定是否要个小孩的时候脑子里想的是什么？他们偏爱什么？他们是不是可能低估了成本或者低估了收益？

有很多成本他们是不大可能漏掉的，因为那些成本集中在你自己的家庭内部：你的出生将一些资源（包括有形的东西，比如继承的土地，也包括无形的东西，比如父母的关爱）从你父母所爱的其他孩子那里转移开了。

收益就更多了。你的出生所带来的最明显的收益就是给你父母带来了很多乐趣；他们不会漏掉这一点的。而其他的收益就会涵盖得更远、更广了。如果你发明了一个更优良的捕鼠器，那么上百万人都要欠你的情了。如果你所做的只不过是微笑，那你也能为成千上万个日子带来光明。

我不知道如何列出那些收益，但是我知道，很多收益都会落到完全陌生的人头上，而你的父母可能不大会考虑到这些收益。

因此，当你的父母决定是否把你带到这个世界上的时候，他们会拿大部分的成本来同仅仅是一小部分的收益进行衡量，但是即使这样，他们还是想要你！从更广泛的社会角度来讲，也就是从权衡所有成本和所有收益的角度来讲，你的出生一定是个真正划算的买卖。

这个论点也适用于大部分的孩子，但是不包括那些变成窃贼或人渣、在自己家庭外面产生了大量成本的孩子。大部分孩子的出生都绝对是件好事。

我想在这里插入一个更系统的摘要，总结我刚才所提出的那些论点。如果你已经被说服，你可以跳过这一部分。

你的出生为你的家庭和整个社会带来了成本也带来了收益。下面就是我们所知道的一些成本和收益：

第一点，你的出生给社会带来的收益超过了给你的家庭带来的收益，因为社会得到的收益包括家庭得到的收益（家庭毕竟是社会的一部分），还包括你对社会的繁荣以及其他人的幸福所作出的贡献。

第二点，我们可以假设，根据你父母的计算，由于你的出生，你的家庭得到的收益超过了你的家庭所支出的成本；否则，你就不会出现在这里了。

第三点，你的家庭所需的成本大致等于社会所需的成本，因为社会的主要成本都是以资源消耗的形式出现的，而你消耗的资源（除去你生产和交换来的资源）都来自你家的其他成员。

第四点，综合以上三点，我们可以推断，社会得到的收益超过了社会支出的成本。对于每一个孩子的出生，这一点都是正确的。[①]

---

① 这一论点中最薄弱的环节是第三点，因为对于这一点存在非常重要的例外，比如我已经提到的窃贼和人渣。但是大多数人不会变成窃贼或者人渣。而其他明显的“例外”却远不是它们看起来的样子。比如，你会认为，当你哄抬汽车价格或者申请一份我希望得到的工作时，你就对别人造成了损失。但是这些其实都不是真正的损失，因为与这些损失相连的是可以用于抵消成本的收益。当汽车价格攀升的时候，销售商得到的同购买者失去的一样多；如果你确实是一个比我更具实力的职位候选人，那我的损失将是雇主的收益。

自私的“人口零增长”

我刚才证明的是，我们的孩子带来的绝对都是好事情。现在，我要证明的是，我们拥有的孩子还不够多。关键的观察点同前面提到的一样：当父母们准备决定是否要生第三、第四或者第五个孩子的时候，他们通常更在意孩子带来的成本（成本都降临到他们和他们所爱的人头上了），而不是那么在意孩子到来的收益（很多陌生人都享有了这些收益）。

当一个决策者更多地盯住成本而不是收益的时候，他就很有可能做出过于保守的决定。这几乎必定意味着，父母们决定要生的孩子少于社会需要的孩子，因此人口的增长就太缓慢了。

人口增长同污染正好相反。一家造成污染的钢厂的老板总是用钢厂所有的收益（也就是说，他的利润）来跟钢厂所造成的一部分损失（也就是说，他把自己的花销算了进去，却没有把邻居的健康算进去）来做比较。因此，他会超额生产。而父母们可能会将再生一个孩子所带来的所有——或者至少是大部分成本（从其他孩子那里分出一些资源给新生的孩子）跟这个孩子带来的一部分收益（他们只考虑了他们自己对孩子的爱，却没有考虑其他人对他们孩子的爱）来做比较。因此，他们就会出现“生产不足”。

换一种方式来解释这个问题，当其他人又生了孩子的时候，这总是一个充满快乐的时刻：那些孩子很可能让你的生活变得充实快乐，但是抚养这些孩子的所有工作却都是其他人来完成的。也就是说，我们应该对生育进行适当的资助。没有这样的资助，我们得到的孩子就太少了，就好比没有适当的罚款或者缴税，我们得到的钢材就会太多一样。

打个比方，某个地方住着一位年轻女子，如果我生了个儿子，将来他就可能会使这个女子为之倾心，但是由于我没有生这个儿子，因此这位女士的生活就被搞得乱七八糟了。如果我能像在乎我自己的女儿一样在乎这位女士，我就会生这个儿子。但是，就我的行事方式而言，别人的孩子似乎远不如我自己的孩子重要，所以我也就很早就不要小孩了。

换句话说，当我限制我自己的家庭规模时，我是自私的。我明白什么是自私，但是我无法理解，为什么诸如“人口零增长”这样的组织的全部意图就是去鼓励他人自私。而我认为，寻找一些方法来资助生育将是一件更有意义的事情！一个拥有众多人口的世界不仅是一个更繁荣的世界，还将是一个拥有更多潜在朋友的世界，在这个世界里，有更多的朋友分享我们的兴趣，陌生人之间会有更多友善的小举动，还有更多找到爱的机会。我们应该感激我们的孩子给我们带来了这样的世界！

我刚刚讨论的是，我们应该为那些陌生人着想而生育更多的孩子。第二个完全独立的论点是说，我们应该生更多的孩子，为了那些孩子自己。他们大概会很感激得到生命这份礼物吧。

关于那些未出生的孩子的权利，我不确定应该将这个论点发展到什么地步，现在已经有太多的公开的讨论了，但是如果评估一下我已经摆明的论点，那我们就不得不更进一步，考虑一下那些甚至还没有被怀上的孩子的权利了。这两个问题中的哪一个，我都不指望大家能立刻达成一个共识。

在我看来，下面这个问题，似乎既是最重要的一点，又是一个最大的难点：活着的人对于那数万亿潜在的人口有道德上的责任吗？因为除非我们怀孕，否则那些潜在的人口将永远没有机会出生。

答案肯定要么是“是”要么是“否”，但是两个答案都会导致麻烦重重的结论。如果答案是肯定的，那么这似乎意味着，我们在道德上有责任生育比我们真正想要的更多的孩子。那些没有被怀上的孩子就好像是被关在某种监狱里的囚犯一样，无法冲破束缚，来到这个有生命的世界上。如果他们有权利，那么他们肯定会要求我们帮他们当中的一些人挣脱这种樊笼。

事实上，我已经在其他地方讨论过这个问题：如果某些贸易政策或者福利政策完全忽视了外国人的利益，那么，这种贸易政策或者福利政策就不可能有什么道德基础。照此类推，只要没有被怀上的孩子是道德实体，那么，如果生育政策完全忽视了未被怀上的孩子的利益，它就是一种没有任何道德基础的政策。如果我们没有给原先那个问题一个肯定的答案，那么，我们就很容易避免得出这种明显是奇谈怪论的结论了。

但是如果答案不是肯定的，那么就一定是否定的了。如果答案是否定的，那么似乎在道德方面就没有什么可以阻止我们去破坏整个地球了，我们甚至可以把地球毁灭到没有下一代人类出现的地步。[①]如果我们首先阻止下几代人出世，而且，如果未被怀上的人不算作道德实体，那么我们的犯罪就没有了受害人，因此这些犯罪也就不是真正的犯罪了。

这个观点并不是史无前例的，托马斯·杰斐逊就写到“地球属于生命”。这个观点也不是无可辩驳的；如果我们每个人都有放弃生育的权利，那么由此也就可以论证，我们所有的人都共同拥有那样的权利。然而，严格地说，这个结论似乎确实站不住脚。

当我第一次考虑这个问题时，我心里烦透了，因为两种选择都有某些推论让人很难接受，然而这两个选择中必定有一个是正

① 这不是说我们一定想毁灭地球，我们可能会以因为自私的原因而保护它。这只是说，如果我们确实动过毁灭地球的念头，那么从道德上讲这种想法是允许的。我们否认自己对未能怀上的孩子负有道德责任，而你认为动物或者某些要紧的植物处在同样的道德状况下，那你必定会去修正这个结论。

确的，不是这个就是那个。经过一段时间的思考后，我倾向于认为第二种观点是正确的，然而我无法证明它是正确的，因此我对这一点并不十分肯定。

因此，如果未被怀上的孩子有权利，那么我们就得到一套繁杂的结论，如果他们没有权利，那么我们就得到另一套不同的，但是同样繁杂的结论。可能还有第三条路可走，那就是在未被怀上的孩子的问题上，我们承认自己没有能力从逻辑上把这个问题搞清楚。让我给你列出一些证据。

你肯定认识这样的夫妇：他们已经有两个孩子了，而且他们还没决定是否生第三个孩子。这时，他们会犹豫不决，一会儿偏向这边，一会儿又转向那边，这是因为他们在权衡着利弊得失。最后他们决定继续生。从第三个孩子降生的那一刻开始，他的父母就深深地爱着他，那种爱是如此之深，以至于他们情愿贡献他们所有的一切来保护他的生命。

我们来把上面这个例子同人们购买电器、家具或者CD的方式做个比较。通常情况下，你在购买时就举棋不定的东西，最终不会是你珍爱至深的东西。也有例外，比如有的时候，当你把一张CD买回家后，你发现这张CD竟然出奇地好，但是一般的规律是，如果你不能确定你想要这件东西，那这件东西就不大可能受到珍视。那么，为什么事情到了孩子身上就完全不同了呢？

我的一位同事主张，这里没有真正的矛盾。他说，把一个孩子等同于一个微波炉是错误的；相反，你应该把一个孩子等同于一种让人上瘾的毒品。人们常常在决定是否要尝试一下海洛因时犹豫不决，但是一旦他们决定试一下，他们就会上瘾，而且不能自拔。小孩子也一样。

但是，我认为，那是个很糟糕的类比，因为对海洛因上瘾的人开始的时候都相信自己能够摆脱毒瘾。可能那是因为他们愚蠢，也可能那是因为他们是下了大赌注的赌徒，但是无论因为什么，他们就是那么想的（如若不然，那么，当我们听到众多的瘾君子在叙述自己经历的时候，都是以这样的句子开头："早知现在……"这又是为什么呢）。这些道理放在父母身上就不正确了。父母们事前就知道，而且几乎可以确定，他们将对自己的孩子爱得"上瘾"。他们选择上瘾的时候是明知道的，就好像一位消费者挑选了一台微波炉一样。

此外，父母与吸食海洛因的瘾君子最关键的不同在于，父母们事前就知道，而且几乎可以确定，他们不想戒断自己对孩子的"瘾"。如果你已经有了两个孩子，而且对于是否要第三个孩子犹豫不决，那么就是说，你已经相当清楚当父母是什么样的了，而且你并不像那些鄙视自己毒瘾的瘾君子，你已经知道自己将珍视自己的孩子了。当你知道你会在得到某件东西之后，深深地爱上它，你怎么会在得到它之前还犹犹豫豫的呢？

但是作为一个独生女的家长，我可以证明，人们确实也会这样做。我知道如果我将我的那些未被怀上的孩子带到这个世界上，他们将是我最贵重的“财产”，然而我却选择了不让他们出生，可能这里就是没有逻辑可言。

孩子都是奢侈品

我来告诉你另外一种矛盾。假设你正在计划在不久的将来生个小孩，而且你在考虑到银行去购买一些债券作为给这个孩子的礼物。那么毫无疑问，去银行跑腿将导致你这一天里的计划发生少许改变，因此也就引起受孕的那一个时刻发生了细微的变化，因此也可能就完全改变了你这个孩子的性别（因为在前一分钟冲在最前面的精子在后一分钟的时候就不大可能冲在最前面了）。那么现在，如果你去银行，你将怀上小孩A，他命中注定会富有。相反，如果你把所有的钱都花在了赌马上，那你将怀上小孩B，他命中注定会贫穷。此外，你提前已经知道，基于差不多所有父母的经历，无论生下的是哪个孩子，他都是你更喜欢的那个孩子。如果小孩B出生20年后你获得了一个神奇的机会，可以用这个孩子来交换小孩A，我敢打包票你是不会这么做的。事实上，如果一个恶魔威胁说要把小孩B变成小孩A，你会买通恶魔让他不要那么干。

但是你去了银行而没有去赌马，你实质上是在购买特权以生下富有的孩子A，而不是贫穷的孩子B。尽管这样，如果你生下了孩子B，你也会尽最大可能来防止孩子B在出生后变成孩子A。这似乎很难符合经济学中理性行为的理论，然而事实就是如此。

所有这些自相矛盾的观点都显示出，似乎没有任何人发明出了一种有条理的方法，来考虑那些未出生的人的利益问题，甚至是考虑他们是否有任何利益的问题。特德·巴克斯特非常希望能出现一个有创造性的天才，他能够给我们解决人口问题；而现在，对于我来说，如果能出现一个有创造性的天才，可以教我们如何思考人口问题，我就满足了。我希望我们的下一代，能有足够多的人口，来产生这样的天才。

从我女儿凯莱降生的那一刻起，我家的人均收入就降低了三分之一。如果人均收入是衡量人类幸福的合适尺度，那一刻一定会是我一生中最不幸的时刻了。但是我并没有那种感觉。

经济学家彼得·鲍尔曾经指出：如果人均收入是人类幸福的正确尺度，那么农场里一只牲口的出生就是福音，而一个小孩的出生就是灾祸。但是没有人这样想，因为除了人均收入，生活还意味着更多的东西。

其他许许多多的人，包括我们的朋友，我们的孩子，有时候甚至是那些我们意想不到的关心我们的陌生人，都是某种奢侈品，能使我们的生活更有滋味的奢侈品。大多数奢侈品都很昂贵，不过如果孩子们也很昂贵的话，那他们值，因为他们确实有那么大的价值。在这个财富源于思想的世界里，每一个孩子的出世都带来新的希望，他们会使每个人都变得更加富有。这样的奢侈品不但能够赚回自己的成本，还能带来更多的利润。

FAIR PLAY

第14章

用一点数学

在天文学中，许多竞争激烈的争论都是通过望远镜的镜片得到最佳解决方案的。在公共政策中，许多最激烈的辩论也都是通过算术找到最佳解决方法的。

“它合理吗？”

霍勒斯·曼是我的英雄。

曼，是 19 世纪公立学校改革运动中一位具有超凡魅力的领导者，但他在现代保守主义者中的名声却不怎么好，这些保守主义者怀疑，他并不是那么注重教育，而是更重视压制独立的思想。换句话说，他们猜想，曼本应该待在家里，跟我们当今的职业教育家在一起。但是我们很难将这些猜想同事实上的这个人联系起来，这个人写下了这样的话：

> 教育是为了激发对真理的热爱，将真理看作是最重要的

东西；教育是为了阐明智慧的观点，从而辨别真理。我们想要的是这样一代人，他们不屑于去判定伟大而永恒的法则，而是去判断何为狭隘和自私……我们想要的不是那种像房子尖顶上的风向标一样，随着流行风不停改变的人；我们想要的是那种像山一样能改变风向的人。

当今的时代，常常为一些重大问题而激动和沸腾，热烈得就像一个大锅炉；这些问题中有许多，我不能说大多数，将永远无法解决，除非我们有一代人，能从孩提时代就开始接受教育，寻找真理，尊重正义。在18世纪中期，就一颗行星的问题，天文学家中发生了一场激烈的辩论。一些愚蠢的天文学家发起了一场文字战，他们撰写火暴的文章相互攻击；而另一些聪明的天文学家却在改进他们的望远镜，而且很快就把那个问题彻底解决了。教育应该效仿的是后者。

那些完美的观点从来没有被表述得如此令人信服。曼在一些事情上犯了错误，比如，他深信，需要由政府来经营一个高效的学校体系，但是在教育的目的和方式上，他的观点却从来都是闪烁着智慧的光芒。

曼始终如一地坚持提倡教学生们如何去思考，而不是教他们思考什么。下面是他对死记硬背学习法的批评：

> 如果这样给学生上课，学生们就不能理解这些观点，而只是努力地去记住那些话，这样，至多不过是教给学生一个简单的事实，而没有教给他们一个原则，一个能够解释各个类型的事实的原则。学生们都是通过死记硬背来学这些课程的，当一个老师应用的是这种死记硬背的教学体系时，他其实只是在利用学生的记忆力，就像用他们自己的黑板演算数学题一样，当要做第二个问题的时候，第一个问题就得被擦掉，这样才能为第二个问题腾出地方。

曼讲述了他去一所小学参观的故事，那所学校的学生都有着超凡的记忆力：

> 这一班的学生，都是些小地理学者，在对他们进行关于地球自然地形知识方面的测试时，如它的大陆、海洋、岛屿、海湾等等，他们都机敏、准确地回答了所有问题，令人啧啧称奇。随后，来参观的来访者问他们，他们是否见过这个他们烂熟于心的地球呢？孩子们老老实实且异口同声地答道，他们从来没见过。

对于一位大学教师来说，这个真实的小故事会引起他的共鸣。

有些学生居然不明白他们学习的资料是要说明某些东西具有某种意义的，你会吃惊地发现我们遇到的这类学生竟然如此之多。如果学生们的家庭作业是一道经济学问题，那这些学生就只是做一些简单的计算，然后就根据计算得出结论：在每一个食品商店，莴苣的价格是每个 80 美分，但莴苣的平均价格却是每个 90 美分，而且他们仍旧相信，他们可能已经正确地解决了这个问题。我最近给学生们布置了一道题，要求他们计算出圣诞老人分发的免费礼物的价值，那个班里大部分学生算出的都是负数，而且大都没有因为这样的答案而表现出什么明显的窘迫来。当我让他们描述箭牌公司的劳动力成本增加 1 万美元的结果时，总是有学生信口回答，口香糖的价格将每盒上涨 1 万美元。

这些事件不是孤立的、偶尔发生的。这样的事件无时无刻不在出现。在我的学生之中，居然有 20% 的人看起来是没有认识到这样一个原则：当某些东西没有什么合理性的时候，你就要对它提出质疑。

我不知道这该怪谁。可能学生们就是太懒而已，可能我还没有搞清楚该如何启发他们。但是我敢打赌，问题的很大一部分根源在于基础教育。

成功教育的结果是一个睿智的怀疑论者，也就是一个一碰到新“论据”就本能地要停下来问问这个新论据看起来是不是合理的人。如果这个论据跟某些相当重要的东西有关，他或她将会越过质疑其合理性这一节，直接开始研究这个论据是否真实。

教育意味着学会以明智的方式问:“它合理吗？”这经常意味着找到了某种合适的思想实验。例如，人们有时说，日本汽车制造商用“倾销”的手段（人为的低价销售汽车）使美国汽车制造商的境况越来越糟糕。听到这样的事情后，受过良好教育的人可能会冷静下来考虑，为了使美国汽车制造商的境况进一步恶化，日本人会不会送给每个美国人一辆免费的凌志车呢？做了这个思想实验之后，还有谁会相信倾销会伤害美国人的利益呢？只有那些不知道我的那个圣诞老人礼物问题的正确答案的人。

用一点简单算术

在天文学中，很多最激烈的争论都是通过望远镜的镜片得到最佳解决方案的。在公共政策中，很多最激烈的辩论也都是通过算术这样的“镜片”找到最佳解决办法的。我不是指那种将一排排数字相加的龌龊算术，我指的是那种简单概念上的算术，运用这种算术的时候你会注意到，如果你在一件东西上花得越多，那么（在你的收入没有改变的情况下）你在其他东西上花的就会越少。

举个例子，有很多人认为美国人应该将更多的资源投入到高科技产业上。因为那些资源必定来自某个地方，所以一个受过良好教育的怀疑论者就会本能地问：“那么我们到底应该在哪些工业上投入更少的资源呢（我不是暗示这个问题原则上不可能得到完全恰当的回答，我只是说这个问题必须被提出来）？”

还有一个例子，有一个人们广泛接受的观点认为，因为美国人花在卫生保健上的钱比日本人或者加拿大人都要多，因而就说美国人花的钱“太多”。但是美国人的收入比日本人和加拿大人的都要多，所以算术的定律就要求我们在某一些东西上花得要比他们多（当然，除非我们把我们的一部分收入扔掉）[①]。因此，问题应当是这样的：如果美国人应该在卫生保健上少花些钱，那么他们应该在什么事情上多花些钱呢？在任天堂的游戏上吗？

当然，如果想让大量的数字有一定的意义，那算术学是绝对必要的。比如，某人告诉你，卫生保健费用占我们7万亿美元GDP（GDP，或者说是国内生产总值，是一个国家在特定的一年中所产生的所有收入的总价值）的14%，而你几乎不可能想象得出这个数字意味着什么，那么那些具有煽动性的政客就很容易夸

① 你可能想反驳说，美国人不必花掉自己全部的收入呀，相反他们可以不断地存钱嘛。但是存钱的唯一原因就是为了在未来花更多，因此存钱只不过是推迟了不可避免的消费。

大其重要性了。但是任何拥有计算本能的人都不会受到这种夸大其词的影响。如果收入的 14% 花在了卫生保健上，那么一个年平均收入在 5 万美元的家庭一年花在卫生保健方面的钱就有 7000 美元（包括看牙、配眼镜，还有大约 3000 美元税款，用来支付政府在医疗保险、公共医疗补助以及其他医疗方面的开支）。那些数字是可以好好思考一番的，而这是展开任何理性讨论的先决条件。

如果人们还没有弄明白算术的定律，或者作为这些定律的基础的基本逻辑，就会出现下面这些情况：我刚刚在《华尔街日报》上读到一则新闻报道，是关于一种新型胆囊手术的，这种手术最初承诺可以大幅度降低手术费用。但不幸的是（根据这家报纸的报道），后来，事实证明这种手术非常受欢迎，做这种手术的人非常多，因此做胆囊手术的总体成本不但没有下降反而有所上升。《华尔街日报》上的文章得出结论，如果作为降低医疗成本的一种手段，新型手术显然是失败的。

根据这种逻辑，你的价值 2000 美元的台式电脑比 30 年前价值数百万美元的大型主机要贵得多，因为卖出的台式电脑太多了，总体成本就会很高。根据同样的逻辑，当牛肉的价钱掉下来后，顾客会感到不高兴，因为顾客们会选择多买一些牛肉，导致牛肉的总体成本上升。《华尔街日报》的报道犯了个基本的错误，它混淆了一件商品的价格和用在那种商品上的支出（你用在牛肉上的支出等于每磅牛肉的价格乘以你所买的磅数）。当价格下降的时候，消费者会更高兴。与此同时，如果支出上涨，那是因为消费者选择买更多的牛肉。这种自由选择并不是什么坏事。

胆囊手术也是同样的。如果治好你的胆囊花的钱少了，这当然是一件很实惠的事。如果最终结果是更多的人都治好了胆囊，那就是一件更实惠的事了。

这里有一个例子，讲的是在完全不同的情况下发生的一个完全相同的错误：几年前，我写了一本书，叫作“不切实际的经济学家”，我在书中记录了一个（对经济学家来说，都是很熟悉的）事实：20 世纪 60 年代，汽车变得更安全了（通过安装座椅安全带，给仪表板加衬垫等措施），而司机对此做出的反应却是变得更粗心了，他们如此粗心的结果是，在车祸中丧生的司机人数几乎没有什么改变（自从那本书出版后，研究人员发现，20 世纪 90 年代所做的一些安全改进措施，最终也是类似的结果，比如安装司机侧面安全气囊和车闸防抱死系统等）。有几个书评作者试图推断出，司机并没有从安全带上获益。那是绝对错误的。使用新型汽车座椅安全带的司机葬身于车轮之下的可能性跟从前一样，但是现在，他们系安全带的时候，就可以纵情驾驶了。司机必定很重视能够更加随心所欲、更加纵情开车的机会，否则他们就不会选择争相装备安全带了。（在另一方面，越来越多的纵情驾驶意味着行人面临的危险也越来越大。对比司机得到的好处和行人的损失，安全带最终可能受社会欢迎，也可能不受社会欢迎。）

显而易见的类推就是：系上安全带降低了纵情驾驶的代价。当这个代价降低的时候，人们就可以更纵情地开车了，就好像当牛肉的价格跌落的时候，人们就会买更多的牛肉一样。司机死亡的人数就好比你花在肉店里所有的钱，这个数字可以上升，可以下降，也可以保持不变。但是无论哪种情况，有一点我敢肯定，那就是价格的下跌可以使消费者获得更多收益，在上面的例子里，获得更多收益的是司机。

别混淆因果

最近《华尔街日报》刊登了一篇关于一位交通工程师的文章，这位工程师重新设计了引起交通堵塞的城市道路，因为他注意到发生大量交通堵塞的区域几乎都拥有大量高级商店、剧院和餐馆。这就好比在 7 月份挂起了槲寄生（常用于圣诞装饰的灌木——译者注），因为你注意到，在你挂起槲寄生的那几个月，你会收到很多礼物。其根本的错误是，如果两件事情一前一后地发生，便以为前者必定是后者的原因。

在课堂上，我发现数学学得好的学生就不会犯这种错误，因为他们擅长以不同方法将各个变量相互联系在一起思考。那些数学学得不怎么样的学生特别容易犯这种错误。幸运的是，他们还是可以找到诸如交通工程师或者《华尔街日报》记者这样的工作。

几年前，有一篇报道说，平均起来，抽烟的人比不抽烟的人活得长。我想知道有多少交通工程师开始抽烟，指望靠这个多活几年。唉，因果关系在相反的方向上发展也是极有可能的：并不是抽烟造成长寿，而是长寿造成了抽烟。大多数人是直到年龄相当大以后才开始抽烟的。

如果上面那些说得还不是十分清楚明了，那就考虑一下同一种现象的一种极端情况：平均起来，在100岁生日时患有心脏病的人，活得比那些在100岁生日时没有患心脏病的人要长得多（事实上，他们当中的每一个都活了至少100岁）。但是如果今天是你的100岁生日，那并不是说你让自己得上心脏病就可以让你活得更长。

还有一个例子：几年前，据报道说，右撇子的人比左撇子的人活得长，平均长大约9年的样子。很多记者立即得出结论——使用右手可以长寿。但是另一种解释是，在一定年龄以上的人，差不多每一个都是在这样一个时代长大的——左撇子被迫变成右撇子。在这种情况下，正是长寿导致人们使用右手，而不是反过来的那种说法。

在所有这些例子里，对因果的混淆将观察者引入了歧途。这基本上是个数学错误，也就是没有弄清楚各个变量之间的正确关系。如果通过某种课程，不但教给初中学生某种智力工具，去搞清楚因果关系，还教给他们一种信心，无论何时遇到一种不清楚的观点，他们都敢于去进行挑战，那么，我敢肯定，经过这种课程的成功训练后，学生们就能够摆脱这种混淆不清的状况了。我希望看到每一个八年级的学生都能有这样的课程。我想霍勒斯·曼会赞同的。

量化有什么错？

在上一次总统选举之前，一个星期日的早间新闻节目花了半个小时专门做政治预测。第一位嘉宾是政治学家，他分析了各种变量，比如失业率、经济增长率和美国在海外驻军的人数等。历史的经验告诉他，作为过去选举的预测器，这些变量的用处都非常大，他将这些知识总结成一个统计学家所说的“回归方程式”。然后他就用这个方程式来做预测。

接下来的一位嘉宾是历史学家，他几乎是不由自主地表现出他的反感。他说，仅仅用一个方程式来描绘像总统选举这么复杂的事情，是一种归纳主义的表现，可以说是无比荒谬了。接着，主持人问道，那么历史学家是如何预测一次选举的呢？这位历史学家回答：你必须考虑大量的事情，你必须考虑失业率、经济增长率、美国在海外驻军的人数……

换句话说，历史学家并没有从根本上反对政治学家的观点。他反对的只有一点——政治学家用了一个方程式来仔细说明自己的观点。

多么奇特的观点——以马马虎虎、不清不楚的方式来做某些事就很好，但是以稍微认真一点儿的方式来做同一件事就不行。但是我可以肯定，历史学家说出了数百万电视观众的心声。在人们当中，广泛存在一种对量化的敌视态度，量化似乎就只是建立在迷信和思想懒惰基础上的一种行为，而我认为，这种态度是我们教育体系的重大失误之一。

也许，历史学家反对的不是政治学家的方程式，而是提出方程式的方式，这也可能。也许，他担心人们因为方程式而对准确性留下错误印象。但这只是个挡箭牌：没有人会相信，写下一个方程式就有可能精确地预测大选；任何人都明白，所有的预测都是基于有限的历史经验，而有些历史经验甚至已经没有什么相关性了。我们都在黑暗中摸索，而且我们都知道我们是在黑暗中摸索；在这场争论中，唯一的问题就是，我们是该小心地、系统地摸索，还是暂时地瞎摸乱撞。

毫无理性地敌视量化，可能会对社会习惯产生一种麻痹作用。想想在审判罪犯中发生的事情吧，如果陪审团认为，“除了有一个合理的疑点之外”，被告有罪，那么，法官常常指示陪审团宣判被告有罪，却没有告诉他们这个“合理的疑点”是包含了 1% 的可疑，还是 2% 的可疑，抑或是 5% 的可疑（举个例子，2% 的可疑意味着，如果陪审团讨论了 100 个案件，每个案件都有同样有力的证据，那么他们可以料定 98 个被告有罪）。律师们嘲笑这种观点说，难道疑点可以量化到如此精确的地步吗？他们的嘲笑是正当的，却是不切题的。没错，没有一个陪审员可以确定自己的怀疑是多于 2% 还是少于 2%，但是同样，也没有一个陪审员可以确定自己的怀疑是多于“合理的”，还是少于“合理的”。有了一个量化的目标，陪审员至少可以知道他们的目的是什么，即使他们不能肯定就一定能达到这个目的（量化的另一个好处就是，能够让立法者获得一定的灵活性，为不同的犯罪设定不同的标准）。

为什么法官在使用“合理的疑点”这个短语时，会那么严密地隐藏起自己的所思所想呢？一部分原因可能是为了使陪审员失去制衡作用，而依赖于法官的不断指导。一个受过良好教育的陪审团是不会容忍这种事情发生的。

在凯莱 3 岁生日的时候，我带她去散步，我们在邻近的科罗拉多州立大学的校园里走了很长时间，当时我们住在校园附近。

当闲逛到校园深处的时候，我们来到了一个我以前从未带她到过的地方。这时她告诉我，她曾经在这附近看到过一些动物标本。我问她，谁带她来的，她说她上实验课时和大家一起来的。后来弄明白了，六个月前，她上实验课时在那里进行了实地考察旅行。多好的记性！

我想，我知道可以在哪里找到那些填充的死动物，于是我问她想不想再去看看那些动物标本。她兴奋得不得了。但不幸的是，我把具体地点搞错了。于是我们从这栋房子溜达到那栋房子，就这样转悠了很长时间，我们四处打听，但是没得到什么信息。

后来，有个人建议我们到动物学系去看看，于是我们就开始朝那个方向走。但结果是我也搞不清动物学系在什么地方。过了一会儿，我向一个过路人打听去动物学系的路，那个人刚好知道路线，就告诉了我们，这让凯莱激动万分，一路上提了好几次。她还不停地警告我，在存放那些动物的大楼里，你必须非常安静，毫无疑问这是实验课老师教给她的。

当我们来到大楼前，她非常惊奇，小声说："我以前来过这儿！"我们在鸟类和哺乳动物中间发现了一个地点，凯莱在这个地方站了好几分钟，默默地想着什么。最后她小声说："他只是回想到了这个地方……然后他就知道它在哪儿了。"她正在见证一个奇迹。

这个只有一间屋子的博物馆昏暗、寂静，凯莱满心陶醉地站在那里，让她心旷神怡的并不是猫头鹰和老虎的眼睛，而是抽象思维的伟大。我溜达了一会儿，然后她就准备走了。

在接下来的三个章节中，我要例证凯莱一个最重大的发现——思想可以把你带到你想去的地方。

我尤其想举例说明的是，一点点数学就能使你很容易为一个激烈争论的问题找到一个平静的解决方案。我所选择的问题包括：政府债务的后果，种族歧视现象的存在，以及我们对子孙后代所担负的责任的本质。这些问题是按照数学的复杂程度排列的。头两个相当直接，相比之下，最后一个要求更高一点儿。

三个例子展现了三种不同的数学推理。在第一个例子，政府债务问题，我用一个案例计算，用一种完全是无可辩驳的方式，揭示了一个一般原则，虽然这种方式对于那些没有学过经济学的人来说显然是很难理解的。案例计算中的数字全部都是编造的，但是从数学角度讲，有一点很清楚，那就是无论你选择什么数字，论证都会是一样的有效。

第二个例子，种族歧视问题，运用了一些现实数字，信手拈来一堆数字进行粗略的计算，结果就使人们对一些广为流传、似乎合理的观点提出了质疑。计算的结果并不是一个无可辩驳的论据，而是一个强烈的暗示，暗示什么事情最有可能发生。

第三个例子讲的是应用数学了解民族偏见的结果。正如我说过的，这个问题可能比前两个问题更难理解。如果你感到没什么劲，你可以略过这一章。

FAIR PLAY

第 15 章

政府债务损害了你后代的利益吗？

如果一位时事评论员说："是政府债务使我过得更好，因为它让我的孩子花钱，但我并不喜欢那样。"这就好像一位父亲说："是大海的反复无常让我暖和，却让我的女儿冻得直哆嗦，不过我并不喜欢这样。"一样都是大谎话。

150 封顽固来信

如果你担心政府债务殃及你的孙子，那么我可以给你演示一些算术，让你放下心来。如果你仔细读下面的例子，你会学到很多东西：

假设你在银行存有 1000 美元，到你的孙子继承这笔钱的时候，这笔钱将翻番。

现在假设政府决定花掉你存款中的 100 美元。要得到这 100 美元，政府有两个选择。

选择甲：把你要缴的税增加 100 美元。这样你就剩下 900 美元了，你孙子继承这笔钱的时候将拿到 1800 美元。

选择乙：借 100 美元。那样你还剩下 1000 美元，你的孙子继承这笔钱的时候将拿到 2000 美元。到那时候，政府必定会对你的孙子征税 200 美元，以便还上政府借的债外加利息。这样你的孙子还是剩 1800 美元。这里有两个寓意。第一，政府的开支对于你的孙子来说代价很高。如果政府没有这笔开支，那么你的孙子将会得到 2000 美元而不是 1800 美元。第二种，不管是选择甲方案还是选择乙方案，对于你的孙子来说根本没什么差别。选择“平衡预算”——选择甲，还是选择“超前消费”——选择乙，都不会让你的孙子的境况好到哪儿去或者糟到哪儿去。

换句话说，政府债务会损害你的孙子的利益，这个说法是完全错误的，至少在你非常疼爱他们，还给他们留下遗产的时候是这样。也就是说，政府债务（与政府开支相反）不会损害你的孙子的利益，除非你让政府这么做。

这不是什么奇谈怪论的经济学理论，这是简单的算术。在经济学家的眼里，这是毫无争议的；在数量研究的学者看来，这也是无可厚非的。然而，它却在某一类人中引起了广泛争议，我所指的那类人，在匆匆忙忙地得出结论之前，却顽固地拒绝去完成一个简简单单的计算！

这样的人比比皆是。我之所以知道这一点，是因为不久前我在一本杂志的专栏刊登了这个简单的演算，接着我就收到了大约

150 封拒绝接受我的演算方法的读者来信。其中有几封信见解很是新颖独到。但是这批读者的大部分人都坚持认为，我的结论是错误的，然而，他们却没打算指出我的推理中有什么错误，通过数轮通信，他们仍旧顽固得让人难以置信!

我发现，当人们面对另一种对立的观点，即便它是一种无可辩驳的观点，他们也还是继续相信一种他们愿意相信的观点，这不仅令人悲哀，也让人感到害怕。我觉得他们至少应该对此感到些隐隐约约的不舒服。我对此感到有些不安，不仅仅是因为他们拒绝接受我这样一种观点，还因为他们似乎都认为，从细致的辩论中一般是学不到什么东西的。从他们的来信中就可以清楚地看出，他们当中的绝大多数人甚至从来就没有学过数学。相反，他们却在努力改变主题。

比如，有相当多的人写信给我——尤其是财政预算监督组织的成员，这是一个致力于渲染财政问题的组织，告诉我国家的债务多么巨大，但他们明显漏掉了一点，那就是不管政府是花 1 美元，还是 100 美元或是 1000 美元，我这种观点都是适用的。我给他们每个人都回了信，问他们到底反对的是我数学演算中的哪一步。他们当中大多数人的回答都是反复重申国家的债务真的是非常非常巨大。

有一位先生写信给我表达他的愤怒，他说政府是愿意借多少就借多少。他问我："我的孩子们不能这样做，我的妻子不能这样做，我的企业也不能这样做，为什么政府就能这么做？"

说得不错，而且你的妻子、你的孩子和你的企业还不能增税呢。如果政府打算花你的钱，那么政府就会想办法达到目的，要么通过借钱，要么通过增税，而且不管政府用哪种方式，其能力比你的妻子、你的孩子和你的企业都要强得多。[①]当我在回信中做了很多解释后，与我通信的那个人明白了问题所在，他说他再也不会用以前那种方式思考这个问题了。现在他以一种全新的眼光来看待这个问题。

现在，我不想对一位专注的、思维开阔的读者那么苛刻，但是我对一件事还是感到非常难以理解，一个富有思想的成年人怎么会唠叨"我的妻子不能，我的孩子不能，我的企业不能"这样的陈词滥调，却不停下来问问他们自己到底这个"不能"指的是什么呢。正确的答案是，并不是你的妻子、你的孩子和你的企业不能借钱，而是他们不能花别人的钱。不管好坏，反正政府经常是这么做的。

如果你的观点是："我的妻子不能像政府那样借钱，因此政府就应该通过税收而不是借债来为其花销提供资金。"我回答将会

① 还有第三种选择：不借钱也不增税的话，政府可以选择少花钱。我很热衷于这种方法。但是与我通信的人和我本人都将政府的开支水平看作是既定的，我们争论的只是当政府通过借钱来筹措资金的时候，这个开支的负担是否被放大了。

是:“好呀，我的妻子不能像政府那样增税，因此政府应该通过借债而不是税收来为其花销提供资金。”我的观点比你的观点好不到哪里去，但也差不了多少。

如果这个有关妻子和孩子的争论被局限在了我个人的一轮通信交流中，那我就不必在这里占用这么多篇幅来谈这个问题了。然而，在与社论版对称排列的专论版文章中，在星期天早间的电视节目中，从政客和新闻记者那里，我已经数十次地看到、听到这样的观点了。我的意思不是简单地说，这样的观点是错误的，而是要说这样的观点是一个彻头彻尾的错误，因为只有当人们口中念叨这些话，却从来不停下来想想这些话是什么意思的时候，这种观点才能生存下来。

后来，还有人写信对我说，如果政府借来的钱是用来给生产性投资提供资金，而不是给挥霍性的花销提供资金，那么，政府借债当然就是合理的了。我估计，他们正在复述某些他们在大学商务课上听到的东西，但是他们把意思给曲解了。教育的力量可真大啊！结果是无论我给他们回多少次信，这些与我通信的人都极其固执地拒绝领会我的意思。为了说得更清楚一点儿，下面我列出他们漏掉的要点：不管政府把你那 100 美元花在哪里，甲选择和乙选择都同样适用我的观点。

最后，还有一些人想把政府的情况同一些大公司做类比，比如美国电话电报公司，把美国公民比作股东。他们推断，就好像美国电话电报公司的股东在公司盈余的时候会高兴一样，美国政府盈余的时候美国公民也会高兴。

这些作者容易忽视的一点是，美国政府绝对不像一家普通的大公司。政府更像是一家有权对自己的股东征税的大公司。如果美国电话电报公司得到许可，可以向自己的股东征税，那公司就可以获得巨额的盈余，但是股东可能不愿意欢迎这一情况的出现（他们也必定不会怎么抱怨的，因为他们付了多少税，他们的股票就会升值多少）。同样，当政府通过增税减少了赤字的时候，也别指望谁会上街跳舞狂欢。

翡翠湾的风衣事件

沿着太平洋海岸公路，在大索尔的南面，有个地方叫作翡翠湾。这是一个美丽无比的地方，甚至较之那些世界上最美丽的地方也毫不逊色。你可以把车停在路边，然后往下走 100 米，来到岩石突兀的海滩上，你会发现海滩上散落着零星的玉石，这是大海不断给这片海滩送来的珍宝。涨潮的时候，一层层海浪涌上来，淹没了这些海滩，你不得不爬到高处的岩石上，以免海浪打湿了你的衣服。

凯莱在翡翠湾的美景和挑战中雀跃欢呼。她站在高处，等待海浪退去，海浪一退她就跳下来，寻求一种独特的乐趣，然后她又赶在浪头冲上来之前爬回到高处。通常，她都能赶紧爬到高处。当她没来得及爬上岩石的时候，她肯定会被海浪冲倒，而且几乎可以肯定，她会大笑着爬起来。

在翡翠湾的海滩上，你必须选好放东西的地方。如果东西放得不够高，强有力的海浪会把它们卷到海里去的。

现在，我想让你想象这样的一幕：凯莱和我爬下岩石来到海滩上，脱下风衣，并排放在一块大石头上，我俩的风衣是完全一样的。我爬上了一块礁石，安全地待在“吃水线”以上，沾不到一滴水。凯莱拣了满满一口袋的玉石，在水里玩得正起劲儿。我很暖和，她很冷。该走了。直到这个时候，我们才注意到，大海为凯莱得到的宝石索要了代价：她的风衣不见了！而我的，碰巧还在。

我穿上我的风衣，我们开始了漫长的攀登，一直要爬到上面汽车那里，我看了看我那可怜的冻得瑟瑟发抖的孩子，希望我能为她做点什么。如果大海带走的是我的风衣而不是她的，我可能会感觉更好一点儿。

爬到一半的时候，我们碰到了另一个游客，就比如说是你，我们告诉了你丢风衣的倒霉事，并解释说我们倒了双倍的霉。我们不仅丢了风衣，我们还丢错了风衣。与我对我的风衣的需求相比，凯莱更需要自己的风衣。你打算同情我们吗？或者你更想建议我把自己的风衣给凯莱吗？

在翡翠湾的故事中，就包含着在政府债务问题方面，你所要知道的全部东西。政府就像海浪，它滚滚而来，带来礼物（玉石或者医疗保险金什么的），也要索取代价（以风衣的形式或者税款的形式）。政府就像海浪一样，可以任性而为。有时候，它从我们这里拿走东西（就好比它给我们增税的时候）；其他一些时候，它从我们的孩子那里拿走东西（就好比它增加债务的时候）。

抱怨政府拿走的东西太多还是很有意义的，就好像希望海浪更和善一些，把两件风衣都留在海滩上一样。但是如果抱怨说，政府本该从你这里拿走东西的，却从你的孩子那里拿走了东西，这种抱怨就是很愚蠢的了。一位父亲，当他真心希望海浪带走的是自己的风衣，而不是自己女儿的风衣的时候，他可以把自己的风衣给女儿来纠正这个错误。一位真心希望政府增加自己的税款，不要增加自己孩子的税款的家长，也可以纠正这个错误，他们可以拿出自己的钱给孩子，让他们拿去支付税款，最典型的方式就是把钱作为遗产留给孩子。

如果一位时事评论员说："是政府债务使我过得更好，因为它让我的孩子花钱。"那他没准说的是对的，就好像一位父亲说：

“是大海的反复无常，使我暖暖和和，却使我的女儿冻得直打哆嗦。”这样的说法对某些人来说在某些时候是正确的，也就是那些不会把自己的风衣给一个快冻僵了的孩子的人（或者是那些认为他们的孩子不会真正冻僵的人）。

但是，如果一位时事评论员说：“是政府债务使我过得更好，因为它让我的孩子花钱，但我并不喜欢那样。”那他就是一直在撒谎了，这就好像是一位父亲说：“是大海的反复无常使我暖和，却使我的女儿冻得直打哆嗦，不过我并不喜欢这样。”这也是大谎话。这样的说法对于任何人、在任何时候都是错误的。一位真正难过的父亲会让出自己的风衣，一位真正难过的时事评论员也会留下更多遗产。

这个推论，有力而准确地指出，你可以很容易地为你的孩子除去政府债务的“负担”。证实这个推论精确无误的唯一保险的方法，就是做一个测试，看看这个推论能不能转化成一种数学模型。这就是使用选择甲和选择乙的真正目的。

你是不是想说你愿意多留给孙子另外 100 美元但是你没有这些钱？如果真是这样，你就应该极力赞成政府债务。原因就是：如果政府不借债，那它就要提高你的税额。如果你真的没有钱留给你的孙子，那你也就没有钱去支付这些税款。因此，对于你来说，无论你对政府债务持什么态度，都是死路一条。

更通俗地说，全部的要点就是，政府债务使你要缴的税款比其他任何情况下都低，而你节省下来的那些税款就是你可以留给自己孙子的钱。有时候，人们弄不明白这个道理，因为他们搞不清楚支付利息所扮演的角色。他们认为，他们必须选择是让自己缴 100 美元的税还是让自己的下一代缴 110 美元的税，而且他们认为后者要贵 10 美元。那可不对。因为，为了支付未来的税款，今天你只需存 100 美元就可以了，在你的下一代等着继承这笔钱的时候，你的存款会增值。

多一点儿判断，少一点儿情绪

在这一章的开头，我假设你很疼爱你的孙子，于是你留给孙子一笔遗产，在这个假设的基础上，我完成了政府债务的计算。在这种情况下，政府债务对你的孙子来说没有什么影响。

现在，让我们算算，如果你不是特别疼爱你的孙子，不打算留给孙子什么遗产（当然，在这种情况下，你也根本不在乎你的孙子会不会抱怨政府债务），事情又会怎样呢？首先，我们重新回顾一下选择甲和乙两种方案的情况。再次假设你在银行存有 1000 美元，但是这一次，我们假设你打算花掉所有的钱，什么遗产也不留。我们再次假定政府决计要花掉你的 100 美元。

下面是政府的选择。

选择甲方案：把你的税额增加 100 美元。那你就只剩下 900 美元可以花了，你的孙子出生时将没有什么债务。

选择乙方案：借 100 美元。这样你还有 1000 美元可以花，那你的孙子出生时将背着 100 美元的债务。

在这种情况下，债务当然会损害你的孙子的利益。所以新的寓意就是这样的了：债务可以使你用你的孙子的钱变得富足起来，但是只有在你愿意的时候才会发生这种情况。如果你很疼爱自己的孙子，要留下遗产，那么遗产随着政府债务的增加而增长。如果你不是十分疼爱自己的孙子，不打算留下遗产，你的孙子就会遇到问题了。

最后，出现了一个更微妙的问题。假设你疼爱自己的孙子，但是我不疼爱我的孙子，当政府增加债务时，政府就会从我们的孙子那里拿钱来给我们。你并不喜欢这样，因此你通过留下遗产的方式将这些钱返还给你的孙子。可是我喜欢这样，觉得不错，因此我继续挥霍无度。于是，产生了新的问题：我的挥霍无度会损害你的孙子的利益吗？当然不会，就好像你根本不会去挥霍一样，因此这个问题并不是最重要的，但是还值得说说。

下面就是答案：因为我的挥霍无度，我的孙子们拥有的资源就会更少。比如，如果他们开了一家工厂，那他们将不得不开一家规模小一些的工厂。

可是这又是如何影响你的孙子的呢？依情况而定。如果他们到我的孙子这里来找工作，那他们的利益可能会受到损害。但是，如果他们拥有一家具有竞争力的工厂，那他们的利益就不会有什么损失，反而会对他们有所帮助。因此，我的肆意挥霍对我一些邻居家的孙子来说是件坏事，但对另外一些邻居家的孙子来说又是件好事。

20世纪90年代的国债就好比20世纪80年代的核冻结（nuclear freeze）：在你开始感到你在道义上强过你的邻居之前，你不必真正了解这个问题。从这个观点看，国债甚至要比核冻结好得多，并不只是因为你的深深关切使你有了一个道义上的有利地位，还因为你的确利用这个地位给其他所有的人造福。

有些事，我常常设法一遍遍地告诉我的女儿，现在我将它们翻译成大人说的话：试图在精神方面摆出一副道貌岸然的样子，虽然很令人讨厌，但这可能也是不可避免的。对付它最好的办法就是变害为利，为你所用。如果你一定要让自己高人一筹，那么，你就要获得这种优势：你可以先从分析一个问题着手（在这种情况下要从一些简单的数字范例开始）；然后用你的判断力，而不是用你的情绪，来巩固你的优势的、超人一等的地位。

FAIR PLAY

第 16 章

工资与肤色无关

谁是种族歧视行为的受害者呢？事实上，对每个黑人雇员来说，歧视使他们损失了 4 万美元，而对股东来说，歧视使他们损失了 36 万美元，或者说是雇员们损失的 9 倍。

肤色歧视的成本

为什么黑人比白人挣得少呢？最早的一种假设是说因为雇主歧视黑人。我想问大家，这种假设是否真的有一点儿道理。下面，我想证明，要解决这类争议，一点点算术会对问题大有帮助。

一些保守的时事评论员一直试图否认存在雇主歧视这种假设，因为他们注意到，歧视的代价其实是很高的（因为要这样做就必须给白人工人付额外的工资），因此，对那些一直盯着账本底线的雇主们没有多少吸引力。

但是这种否认是太过随便了，因为这种观点假设雇主永远会理性地追求利润，而不会迷失自己的行动方向。同样，还有些过于简单化的理论预言，如：雇主永远不会任人唯亲，公司的经理人员永远不会在高尔夫球场上吊儿郎当，不专心工作；而这些预言都是错误的。

这里缺的就是一种估价，看看歧视的成本到底是多少。如果歧视的成本占雇主利润的5%，歧视现象就会存在下去，就像任人唯亲会存在下去一样。如果歧视的成本增长了10倍，就很难讲它能继续存在下去了。

我来给大家提供这个缺失的成本估价，这要从几个假设开始，这几个假设都是合理的、和事实相称的。首先，我假设黑人占劳动力总量的10%。其次，我假设黑人的收入是白人的60%。最后，我假定（也是通过对现实世界进行观察，在观察结果的指导下得到的）公司收入存在以下一些情况：假设每付给工人1美元，就要付给公司债券所有者和股东总计半美元，再假设公司债券所有者和股东各拿四分之一美元。

为了让这个假设更具体一些，假设你就是一个公司的经理，雇用了1个黑人和9个白人，发给这个黑人6万美元工资，每个白人10万美元工资。那么，你的工资支出就是96万美元。公司债券所有者和股东各拿到了相当于工人工资的四分之一，即各拿到 24 万美元。[①]因此，你的支出就是这样的：

9 个白人雇员每人 10 万美元	90 万美元
1 个黑人雇员 6 万美元	6 万美元
公司债券所有者	24 万美元
股东	24 万美元
总计	144 万美元

现在，我们假设黑人和白人的工资差异完全来自于歧视，即假设黑人和白人一样能干，黑人的工资也比白人少，我们来估计一下歧视的成本。

这些数据揭示了两个事实。首先，歧视现象必须在整个行业非常普遍，否则你的黑人雇员早就跳槽到另一个没有歧视现象的公司了。其次，如果你能把你的种族歧视放在一边，只关注你的账本底线的话，你就会把你那 9 个工资是 10 万美元的白人雇员换成 9 个工资是 6 万美元的黑人雇员，他们的生产率都是一样的。[②]这样，你的工资支出就会削减 36 万美元（从 96 万美元到 60 万美元）。

---

① 这里的具体数字并不重要。如果你假设雇用了 100 个工人，而不是 10 个，或者假设黑人和白人的工资分别是 6000 万和 1 万，而不是 6 万和 10 万，我们以后得到的结论都是不变的。

② 找这 9 个黑人雇员并不难，因为我们已经约定，黑人必须在整个行业遭到歧视。你只要提供比现在市面上的 6 万美元黑人工资稍微多一点的工资，就一定能够吸引到 9 个黑人雇员来你的公司。

那么，这省下的36万美元去哪里了呢？去了任何一家公司的节余所去的同样的地方——股东的腰包。股东的收入一夜之间增长了150%（从24万美元增长到60万美元）。你的支出情况现在是这样的：

10个黑人雇员每人6万美元	60万美元
公司债券所有者	24万美元
股东	60万美元
总计	144万美元

当股东的收益增长了150%后，公司的股票价格也肯定会以这样的幅度增长。这足以使你登上《时代》杂志的封面，成为世纪财务天才。而继续进行歧视，你就无法在财务方面得到这个前所未有的成功机会。

事实上，这个行业里的每个公司经理都有机会获得这样的成功，而他们却放弃了（记住，我们约定歧视存在于整个行业，否则所有的黑人就会跳槽到没有歧视的公司了）。因此，为了相信是歧视导致了黑人和白人的工资差异，你就必须相信整个行业的经理们都被种族歧视主义蒙蔽了双眼，他们情愿放弃为他们的股东获得150%的收益的机会，以及自己赢得华尔街喝彩的机会。就我个人而言，我觉得这简直是难以置信。

150%这个数据是建立在一个合理的数字假设上的，并不是无懈可击的。如果你对那些最初的假设稍作修改，最终你就会得到另外一个数据，而非 150%，而且你或许会发现，在某种情形中，歧视看上去似乎还是有道理的，当然，你也许不会看到这种情形（我猜想你不会看到这种情形，但是，关于什么样的情形看上去是真实的，你我又会持有不同的标准）。不管这种试验的结果如何，它还是很值得去做的。如果没有这样的试验，就没有办法知道歧视是否是导致工资差异的一种可靠的假设了。

有了以上那些计算结果，我们就搞清楚了，如果我们赞成雇主的歧视行为，会产生什么样的结果。你不但要接受这样的事实：一些公司经理正在放弃一个惊人的获利机会；同时你还不得不相信，所有的公司经理，或者至少是所有那些继续雇用大量白人雇员的企业经理，都正在放弃一些类似的机会。

你也许会反对说，这种获利机会只是一个幻觉，因为如果经理们设法对这个机会做出反应，他们就会把黑人的工资哄抬到和白人一样的水平，这样一来，这个获利的机会就消失了。但是这并不能解释为什么这个机会仍然没有人去把握。如果我在纽约的一个街角丢下两万美元，它会飞快地消失；说没人会去捡这钱几乎就是一种毫不理智的说法了。

我已经证明了歧视的成本高昂得难以置信。但是假设我的结论是错误的。假设种族歧视主义是如此根深蒂固，以至于许多公司经理宁愿为之付出代价。

同时，假设为数不多的几个公司经理克服了那种根深蒂固的偏见，全部雇用黑人雇员，工资是 6 万美元，你就是那几个经理之一。你们还会有种族歧视吗？一些人会说有，因为你们付给黑人 6 万美元，却让他去干一个 10 万美元的工作。另一些人会说，没有，因为你雇佣行为的动机不是因为种族偏见，你的动机是一种产生于市场的获利机会。

这个争论对我来说，几乎就是一个语义上的问题，而且大概是无法解决的了。但是有些事我们可以达成一致：无论你如何定义歧视，以 6 万美元工资雇用黑人，比之拒绝以 6 万美元雇用黑人的经理来说，前者的歧视意味肯定要少得多。还有，无论你如何定义歧视，底线是：如果你想让自己比别人少一些歧视行为，那么，你的行为的最终结果会是雇用许多黑人雇员，还会为你的股东多获得 36 万美元的利润；反之，如果你的歧视行为和别人一样多，甚至有过之而无不及，那么，获利的机会也会弃你而去。这样，歧视行为就得到了市场的沉重惩罚。

股东才是受害者

谁是种族歧视行为的受害者呢？你也许会认为，是黑人雇员，因为他们失去了合适的职位。但是，这也包括那些股东，他们失去了那些黑人雇员的服务。事实上，股东的损失会比雇员的损失更大。在上面说过的那个例子中，对每个黑人雇员来说，歧视使他们损失了 4 万美元，而对股东来说，歧视使他们损失了 36 万美元，或者说是雇员们的损失的 9 倍。

如果当公司管理者为了满足他们对梵高油画的个人喜好，而花了股东数百万美元的时候，大家都会认为，毫无疑问，股东正在受到经理们的掠夺。当这些公司的管理者为了满足个人种族歧视的需要，而损失了股东数百万美元的时候，股东受到的损害是完全类似的。

你也许会争辩说，股东有责任监督公司经理层的行为，如果他们没有这么做，他们是要付出一定的代价的。但是，如果股东可以监督公司发生的所有事情，那他们就不需要雇用经理了。经理的职责就是为股东赢得利润，而且如果他们放弃了这些能赢得利润的机会，那么就可以说，股东被他们抢劫了。

我相信，这种抢劫的程度是非常严重的，以至于人们几乎难以想象这种情况会是造成工资差异的第一位的原因；换句话说，黑人和白人的工资差异一定会有其他一些原因，而且这些原因是和歧视无关的。但是如果我说得不对，即如果歧视的确是一种至关重要的现象，那么，比起雇员来说，股东就更值得我们同情了。

当一个大公司的经理人员因种族歧视被指控时，一些人权组织就会号召消费者抵制这个公司的产品。但是，问题是这种行为降低了公司的利润，损害的不是经理的利益，而是股东的利益，也就是说，惩罚的不是罪人，而是惩罚了主要的受害者。同样，给黑人雇员一些补偿性的报酬也是非常具有讽刺意味的，因为这些钱来自于同样一批人的口袋，即目前遭受了双重损失的股东。

1996年，德士古公司的经理人员承认，在雇员和升迁方面，存在歧视问题，公司同意对黑人雇员进行补偿，补偿总额高达1.76亿美元。但这并不能证明德士古公司存在歧视问题，它只能说明，假意承认，并且迅速结清赔偿，比起一场久拖不决的法庭斗争和媒体斗争要来得便宜，来得容易。但是，如果这种承认是认真的，而且那1.76亿美元的补偿是应当的，那么，也就应当对股东进行同样的补偿，而且这些进行补偿的钱不应该由公司出，而是由那些经理个人出，因为他们没有在劳动力市场上雇用最廉价的劳动力，他们欺骗了他们的投资人。

挣得少的真正原因

如果我们排除雇主种族歧视这个因素，那么，黑人和白人的工资差异，就一定会有其他的原因。

例如，假设歧视不是由雇主而起，而是由消费者而起，即消费者愿意为白人工人提供的商品和服务支付额外的费用。要使这种理论更有说服力，你就必须估计这个额外费用有多少，评估一下消费者是否会真的付这笔费用。我想请读者自己去算这笔账。

（这笔额外费用的多少因行业的不同而差异很大。在计算机硬件行业，就几乎没有任何这样的额外费用，因为对消费者来说，没法见到工人。你知道是什么人、哪个种族的人装配你的磁盘驱动器的吗？在理发业，这种额外费用就会比较多了，但也并不是那么明显，因为即便有很多顾客是种族主义者，但是黑人理发师仍然能够专门给那些不是种族主义者的顾客服务。但是，在美国全国棒球大联盟的比赛中，选手不但人人可见，都是大众人物，而且选手是无法挑选他们的球迷的，这样就产生了很大的歧视的可能性。事实上，有迹象表明，这种可能性正在变成现实：大联盟里的黑人选手总体上比白人选手的成绩要好，这就说明，黑人选手晋级大联盟的门槛要比白人选手高。）

还有一种理论是说，黑人比白人挣得少，不是由于雇主或是顾客的歧视，而是因为他们工友的歧视。根据这个理论，黑人挣得少是因为他们在白人同事中引起了不满。但是如果这个理论是正确的，雇主要解决这个问题也很容易，他可以雇用单一种族的工人，一些公司全部雇用黑人，而另一些公司全部雇用白人。

另一种理论认为，黑人挣得少是因为他们所具备的可出售的技能太少。这种理论有两个版本。第一个版本是说，每个工人的工资是根据他的个人技能而定的，黑人（平均说来）掌握的技能比白人要少。第二个版本是说，每个工人的工资是根据对他的技能的合理预期而定的，而雇主（正确地、理智地）预计，黑人掌握的技能比白人要少。根据第一种版本，一个黑人熟练工人的工资和白人熟练工人的工资是一样的；而根据第二种版本，黑人熟练工人的工资要比白人熟练工人的工资少，但是其理由却和种族主义无关。

这个理论的任何一个版本要成立，都需要解释清楚为什么黑人掌握的可销售的技能要少。可选的解释有：选择、培训和遗传。

所谓选择，就是说，因某种原因，黑人心甘情愿比白人掌握的技能少（如果黑人预料到会在劳动力市场上遭到歧视，这种说法就有可能是合理的，因此说，选择的结果会放大歧视的结果）。但是这种说法和一些非常重要的现象是矛盾的。根据芝加哥大学的德里克·尼尔和弗吉尼亚大学的威廉·约翰逊最近所做的一项研究显示，黑人和白人工资差异的原因在很大程度上被解释为技能水平上的差异所致，而这种技能水平的差异在人们很小的时候就已经可以觉察出来了。[①]这种说法如果要符合理性选择，那就得有

① 理查德·赫尔斯坦和查尔斯·默里以前在他们的畅销书《钟形曲线》（*The Bell Curve*）中也提到过类似的发现。

这样的情况：6 岁的孩子在决定是否要掌握乘法表之前，就已经仔细考虑了他未来的就业前景。我很关注这些理性选择模式，但是我不准备让这种关注演变为狂热。

对于黑人和白人之间的工资差异，现在就剩下两种可能的解释了：培训和遗传（更准确地说，它们解释了引起工资差异的技能差异的原因）。[①]赫尔斯坦和默里认为，遗传扮演了一个相当重要的角色，但是更近一些的，由尼尔和约翰逊所得的研究结果似乎驳倒了这种解释。因为有这么一件事，尼尔和约翰逊发现，在一些标准化的智力测试中，黑人青年和白人青年的表现差异要远远大于黑人少年和白人少年的表现差异。这就很难解释清楚说这种差异是由遗传引起的（为什么一种天生的智力的差异会随着时间的流逝而越变越大呢？当然，赫尔斯坦和默里的相当一部分论据是建立在这样的论断基础上的，即这些测试数据衡量的是一些天生的能力，是不受后天训练的影响的。但是尼尔和约翰逊的研究让人们对他们这种论断产生了极大的怀疑），而不是由培训引起的（如果黑人得到的是比较劣等的教育，那么很明显，受 10 年这

① 技能和工资之间的关系很密切，但是这种关系是最近才产生的。也就是在过去几十年里，通过一些标准化的测试来衡量一些技能，其拥有者在职业市场上开始得到相当数量的额外奖金，有一些显而易见的猜测认为，可以用“硅革命”这样的词来形容这种变化，但是没人知道是什么引起了这种变化。

种教育产生的影响要远大于受 6 年这种教育产生的影响）。

在过去、现在和未来，都还有许多研究工作要做。所有这些研究工作，都会在某种程度上和数量有关。有些研究工作需要尖端的技术和复杂的量度方法。但是对于有些情况（歧视就是其中之一），一些天生的看似有道理的理论，是需要验证的，而最好的工具莫过于我的朋友曾经用过的方法（即进行简单合理的估算）以及一种开放的思维方式。

FAIR PLAY

第 17 章

我们欠后代什么？

经济的发展会使我们的后代更加富有，根据某些道德标准，这就减少了我们为他们做牺牲的义务。

后代会有多富有?

我们欠后代什么东西吗?

如果我们不能勇敢面对一个更一般化的问题，自然就无法回答上面的问题，这个更一般化的问题就是：一个人欠另一个人什么东西吗?

一个可能的答案包含在以下这个经济学家所持的黄金法则之中：我们应该愿意去花这1美元，只要它能带来超过1美元价值的集体利益。

根据这个黄金法则，如果我们花1美元保护了一片森林，而对于第101代子孙中的每一个人来说，这片森林都值1美分，那么，我们花的这1美元就值得。

可惜，如果我们很自私，我们也许就不会去花那1美元，原因有两个。第一，我们无法向还未出生的后代收取入门费，因此我们就不会关心他们每人是不是愿意花1美分进这片森林。但是这个问题也可以解决：只要这片森林未来的主人可以收取这些费用，这些费用就会体现在这片森林现在的价格当中了。这是因为每个未来的主人必须从现在的主人手中买进这片森林，而现在的主人在决定花多少钱买这片森林时，已经考虑了它的转售价值。

第二个问题就更难理解一些了。为了说明问题，我们假设后代和我们相隔一年，每年的利率是4%。那么，这片森林的售价将会是25美分。为什么？因为这片森林每年可以得到1美分的入门费，而25美分一年的利息也是1美分。于是，这片森林也就不多不少值25美分。但是没人愿意花1美元去保护一片只能卖到25美分的森林。上面提到的黄金法则号召人们要进行保护，但是利润驱动却破坏了这个黄金法则。

只要存在一个正利率，只要那条黄金法则还是决定你该保护什么的标准，那么就不会有足够多的森林得到保护。利率越高，情况就越糟糕（如果利率是10%，那么那片森林就只值10美分了，因为那片森林每年可以得到1美分，而10美分的利息也是1美分。这样，每人就只愿意花10美分去保护森林了）。

但是，也许这个黄金法则是一种错误的标准。归根到底，这条黄金法则暗示我，如果我可以花 1 美元来给比尔 · 盖茨做些事，而这件事价值 1.01 美元，那么，我就有义务去花这 1 美元。但是多数人会解除我这种义务，因为 1.01 美元对比尔 · 盖茨来说算不了什么，但是 1 美元对我来说，还是有那么些意义的。换句话说，多数人认为，当存在财富的差异时，你就不应该使用这种黄金法则。

于是问题现在就变成这样的了：我们应该使用什么样的规则？要搞清这个问题，我们需要量化我和盖茨之间的关键区别：1 美元对于盖茨的意义和 90 美分对于我的意义是一样的吗？ 50 美分呢？ 10 美分呢？ 0.5 美分呢？ 以下是人们可能做的一些假设：

假设 1：1 美元的价值是和你的财富成反比的。因此，当你的财富增长为原来的 2 倍时，1 美元对于你来说的价值就是原来的一半；当你的财富是原来的 3 倍时，1 美元对于你来说，就值原来的三分之一，等等。

假设 2：1 美元的价值与你的财富的平方成反比。因此，当你的财富是原来的 2 倍时，1 美元对于你来说的价值就是原来的四分之一；当你的财富是原来的 3 倍时，1 美元对你来说，就值原来的九分之一，等等。

假设 3：1 美元的价值与你的财富的立方成反比。因此，当你的财富是原来的2倍时，1美元对于你来说的价值就是原来的八分之一；当你的财富是原来的3倍时，1美元对于你来说，就值原来的二十七分之一，等等。

依此类推，有假设5，假设10，假设20，假设30…… 看看人们愿意冒什么样的风险，我们就可以很清楚哪个假设是正确的了。如果靠后的假设是正确的，那么，人们就愿意冒相当的风险来得到相当的回报。如果靠前的假设是正确的，人们就会更加谨慎一些。

大量可获得的证据，例如人们在保险市场的行为方式显示，正确的假设是在假设1和假设5之间，而假设10就被认为是合理假设的上限了。唯一的例外存在于金融市场。在这个市场中，尽管从长远角度看，股票的表现更加出众，但是人们依然更愿意买债券而不是股票。这种现象看来似乎反映了一种风险规避偏好的程度，这种风险规避偏好是在某种类似假设30的情况下出现的。[①]总而言之，比较合理的假设差不多是假设3这样的情况。

要把所有这些应用在森林保护的问题上，我们就得算出我们

① 70年前投资1000美元，如果投资债券，现在的价值大约是1.3万美元；如果投资股票，现在的价值是85美元。一般情况下，对于大多数与风险有关的行为，假设5就足够了，但是现在需要用假设30来解释债券投资，这种情况就有些自相矛盾了，经济学家称之为股权溢价之谜。

的后代到底会有多富裕。我们可以做一个合理的估计，人均收入每年增长 1.5%（扣除物价上涨因素，根据历史标准，1.5% 也许有点儿低，但是 2% 就有点儿高了）。如果是那样的话，一年后出生的人要比你富有 1.5%，并且根据假设 3，1 美元对于他们的价值要比对你少 4.5%。①

（警示：通常情况下，当人们谈到美元贬值时，他们说的是通货膨胀。我们现在讨论的是和通货膨胀毫无关系的内容。这里，美元的价值下降是因为人们变得更加富有了。价值下降 4.5% 是除了通货膨胀之外的一种变化。）

有了这些数据，我们就可以对上面提到的黄金法则做一些修改了，即只有当一片森林对于后代来说，每年至少值 4.5 美分，我们现在才值得花 1 美元去保护它。换个说法就是，我们不必去为某件事牺牲 1 美元，因为这件事对后代来说，它的总体价值不到 1 美元。

但是如果假设在扣除了通货膨胀因素后，利率是 4%，那么，那些追逐利润的人就会去花 1 美元保护所有年收益超过 4 美分的森林。如果真有森林的年收益大于 4 美分而小于 4.5 美分，那么，

① 这里我是这样算的：第二年出生的孩子的收入是你的收入的 1.015 倍，因此，根据假设 3，1 美元的价值对于他来讲，是你的 $1/(1.015)^3$ 倍，也就是大概 4.5% 的区别。

就会有太多的森林得到保护。如果是那样的话，利润驱动就会驱使我们为后代做许多事情，甚至超过了他们的需要。

修正的黄金法则

一般说来，r代表利率（扣除了通货膨胀因素，因此，如果债券利率是7%，通货膨胀率是3%，那么r = 4%），g代表人均收入增长率（同样扣除了通货膨胀因素，因此，g大概就在1.5%至2%之间），s代表关于风险规避偏好的假设的数值（大概在1和5之间）。这样，如果$r > g \cdot s$，那些追求利润最大化的企业家愿意保护的森林就太少了，但是如果$r < g \cdot s$，那些追求利润最大化的企业家愿意保护的森林又太多了。

当然，这里的“太少”和“太多”是根据那种修正过的黄金法则的道德要求而说的，即我们应该考虑这样的事实：一片森林对于一个富人的价值，要小于它对于一个穷人的价值。

这种算术并没有告诉我们这种修正过的黄金法则是否是一种正确的道德标准，但是它的确讲清楚了这个以及其他任何我们会去使用的道德标准所带来的结果。换句话说，这种算术使我们保持了道德上的诚实。这可不是一件小事。

经济的发展会使我们的后代更加富有，根据某些道德标准，这就减少了我们为他们做牺牲的义务。还可能存在其他一些可以选择的道德标准。

对两代人之间的道德规范所进行的任何讨论，都要考虑到经济发展的本质和来源。霍瑞斯·曼在他 1845 年的一本著作中，是这样解释的（这与你在现代教科书中找到的解释，在内容上是根本一致的，而在形式上要高超许多）：

> 马萨诸塞州的财富和繁荣不是因为它的地理位置和自然资源。尽管土地贫瘠，气候恶劣，它仍然拥有它的财富和繁荣。它的财富和繁荣不是来自于自然，而是来自于它的人民的创造性和勤俭节约。它们来源于贯穿于良好行为当中的优秀思想。

现在的教科书把增长归因于技术进步和资本投资的相互结合，换句话说，就是人民的创造性和勤俭节约。我们的子孙后代将会受益于我们的创造性和勤俭节约。除此之外我们是否还欠他们什么，就是一个非常微妙、非常难解的问题了，需要进行非常敏锐、非常艰难的思考。

FAIR PLAY

第 18 章

女儿教我的金钱课

凯莱摆出她那副标准的姿势（手叉腰，眼斜视）说：“爸爸，你知道我喜欢去商店买东西的原因吗？我是要去消灭我的金钱！”

“消灭我的金钱！”

在凯莱8岁的时候，她给我做了一通长篇大论，内容是关于生活中什么东西最重要。她说，爱是最重要的，金钱不是最重要的。

我说：“那好，的确是有许多人不太在意金钱，很好，但是坦白地说，我不认为你是其中之一。在我看来，你是那种非常喜欢逛商店、买东西的人。”凯莱摆出她那副标准的恼怒的姿势（手叉腰，眼斜视）说：“爸爸，你知道我喜欢去商店买东西的原因吗？我是要去消灭我的金钱！”

讲得好，凯莱。她的话绝对没错。对金钱的热爱和对财富的热爱是两种完全不同的事情。守财奴马克杜克（唐老鸭的叔叔，住在鸭堡——译者注）非常爱钱：他把钱藏在一个大保险箱里，每天晚上在这个大保险箱里用钞票洗澡。里奇·瑞奇的父亲和马克杜克一样喜爱自己的财富，但是他所喜欢的财富形式是大厦、艺术品和仆人，而不是金钱。凯莱想成为里奇先生那样的人。

当然，凯莱有自己选择的权利，但是，值得一提的是，如果她想成为一个好邻居，她最好还是去仿效守财奴马克杜克，而不是去仿效里奇一家人。当里奇和他的父亲盖一幢大楼时，他们要用砖、灰浆和水泥，这些东西也许可以用在其他地方，如医院、社区中心或者住宅建设计划等；[①]他们雇用的泥瓦匠、木匠和电工也许会在其他地方工作，去修建公路、购物中心，或者经过一些培训，去造汽车；里奇家的盛宴上所上的食物，除了里奇父子和他们的客人，任何人都吃不到；他们的私人喷气式飞机所用的燃料，是用石油制造的，而这些石油将永远不会用来给邻居家取暖了。

但是当守财奴用他的钞票洗澡时，他唯一比邻居多的就是一大堆廉价的纸。只要他继续把他的钱藏起来，而不去花它，他的邻居就会雇用更多的熟练工匠、拥有更多的高楼大厦、更多的食

① 也许砖块的制造也是在里奇父子的指令下进行的，那么，制造砖块的劳动力和原材料也可以有其他的用途，因此，这个观点仍然成立：当里奇父子拥有的越多，他们的邻居拥有的就越少。

物以及更多的燃料。

但有些人却认为事情恰恰相反：他们认为，大方的消费可以传播繁荣，而守财奴对社会来说，却是一个负担。但是凯莱很老到，这些谬论骗不了她。她知道，金钱并不重要，重要的是你用金钱购买的那些东西。守财奴买得越少，他的邻居就能买得越多；邻居买得越多，他们的生活就越幸福。

但是如果守财奴不去周转他的金钱，他的邻居们怎么有足够的钱去买那些东西呢？答案是这样的：守财奴使金钱退出了流通，就会引起物价下降，这就使得其他人的金钱可以买到更多的东西，事实上，足够他们买所有那些守财奴放弃的奢侈品。

里奇一家会用金钱与你交换商品和服务。守财奴使物价下降，抬高了你的金钱的价值，但是你却不必与他交换什么东西。因此，我还是更喜欢守财奴一些。

但是，里奇家的许多仆人并不这么看；他们认为，正是因为里奇父亲的奢侈，他们才有了工作和高薪。但是凯莱的眼光更开阔一些：如果里奇家那些高工资的仆人买得越多，其他人就买得越少。当里奇家的管家加薪后，他就可以在公共财富中分得更大的一块，但是公共财富本身并没有比原先大多少。[①]

---

① 公共财富会增长，而且会持续增长，但是，增长就需要一些生产活动。花钱并不是一种生产活动。

相反，守财奴会继续把他的钱藏在保险箱里，继续在为邻居做一件大好事。如果有一天，他改变了主意，决定开始多花些钱，那么这一天对鸭堡的人来说，就是悲惨的一天了。如果守财奴买了10个鳄梨，算术法则就会要求某个鸭堡的居民必须少买10个鳄梨，或者说10个鸭堡的居民各少买一个鳄梨。经济学的规律详细解释了这个问题：守财奴的购买抬高了鳄梨的价格，最终，有人决定少买几个鳄梨。

鳄梨价格上涨，有三个结果：喜欢吃鳄梨的人很难过，鳄梨种植户欢欣鼓舞，而那些把钱揣在口袋里的鸭子会发现，他们的钱的价值被由鳄梨引起的通货膨胀一点点地吞噬了。但就鸭堡的总体繁荣角度讲，第二个结果抵消了第一个结果，而第三个结果依然存在。对金钱持有者来讲，价值上的净损失正好等于守财奴消费的那10个鳄梨。

即使守财奴把他所有的金钱都送出去，他也不能使他的邻居（普通的）变得更加富有。那些得到这些钱的人，会变得更加富有，但是他们不像这个异常吝啬的守财奴，他们会想办法把这些钱花掉。这就会抬高物价，这样一来，其他普通居民也就比原先富裕不了多少了。这也就是说，守财奴不可能把他的财富（与金钱相对的）赠送出去。原因很简单：他已经把他所有的财富都换成了满满一屋子的金钱。除了金钱，他没有什么东西可送了。

从这种意义上来说，这个守财奴可以算是一个伟大的慈善家，而这种人永远也不会出在里奇一家。但是里奇一家的生活方式也没有什么可以谴责的。大概是里奇的父亲做了一些很有价值的事，创造了他家所有的财富。至于怎么花，完全是他的权利。但是不像里奇，守财奴所做的就非常离奇了：他先创造了大量的财富，然后，他又放弃了所有这些财富的所有权（换成了纸）。

免费的丰田车

因为凯莱看的是连环漫画册，而不是《华尔街日报》，她对货币经济学的理解，比财政预算监督组织的一般成员都要深刻得多。她认识到，外国公民积蓄美元，对美国人来说，是帮了一个大忙，这一点许多社论作者都理解不了。送一大堆纸币到日本，换回一辆丰田车，这就好像给圣诞老人写一封长信，然后就得到了所有你想要的圣诞礼物一样。只要有日本人想持有那些货币，你的丰田车其实就是免费的。当然，对你本人来说不是免费的，但是更广义地讲，对美国人来说，是免费的：当日本人收下你的美元，给你丰田车后，让这些美元退出了流通，这样，美国的商品价格就会下降，而你的邻居就会因此而得到一笔意外收获，数量上正好等于你的车钱。无可否认，价格下降的幅度几乎难以觉察，每个邻居得到的利益相对来讲也几乎难以觉察。但是一个难以觉察的数字乘以2.5亿（美国人口数量），所得的结果也就是一辆丰田车的价格了。清算账目如下：你花了2万美元，你的邻居们得到了2万美元的意外收获（由于价格下降），你得到了你的丰田车。作为一个整体，美国多了一辆丰田车。

当然，这是一个公平的游戏，我们的日本贸易伙伴最终要去花这些他们积蓄的美元，这时，我们的意外收获就会消失了。但是他们持有这些货币的时间越长，也就是他们模仿守财奴马克杜克的时间越长，我们享受我们的意外收获的时间就越长。当他们开始购买我们的商品时，即变得有点儿像里奇家那样时，我们的美事就结束了。

这种观点和传统上大人们的观点是恰好相反的，根据这种传统的观点，所谓要致富，就是有一个贸易伙伴，他需要贵重的资源；所谓要破产，就是有一个贸易伙伴要收取一大堆的纸币。这种传统观点的起因，准确地说，是因为把金钱和财富搞混了。如果你在凯莱身边犯这样的错误，她就会斜眼看你了。

FAIR PLAY

第19章

女儿教我的贸易课

很难想象，一个内行的购物者会选择去一个最贵的商店，只是为了得到那种偶尔发现一件便宜货的兴奋感！也很难想象他会不会去折扣店，唯一的原因就是——太容易得到的折扣就没什么意思了。

与众不同带来的利益

凯莱在上一年级的时候，一个同班同学有一只天竺鼠，那只天竺鼠生了许多小天竺鼠。这些小天竺鼠被带到学校让人领养。如果许多人都争着要领养同一只小天竺鼠的话，那就得由老师来裁定了，老师既要考虑孩子们的偏好程度，还要考虑这些天竺鼠的长远利益。

凯莱很走运。没人喜欢她看上的那只天竺鼠，因此她很容易地得到了那只天竺鼠。那天晚上，我告诉她，她刚刚重新发现了古典经济学的一个关键原则：与众不同是有利可图的。如果你喜欢的东西不是那种大众流行的东西，你就可以很便宜地买到它；

如果你不想要的东西当下非常受欢迎，你就可以把它卖个好价。

不但说你的品位与众不同会有利可图，而且如果你的才能与众不同，也会有利可图的。如果半个班的人都在吹黑管，那么，吹长笛的人就最可能进管弦乐队。

这就是为什么跨国贸易会带来这么大利益的原因。它不仅仅是因为你得到了许多新的贸易伙伴，主要是你得到的这些新的贸易伙伴和你有很大的不同。如果本田的造车方法和福特的完全一样，那么美国人就不必关心他们是去买本田车，还是去买福特车了。正是美国车和日本车之间的不同，才使日本车成为一种有利的选择。

在中国，有着 10 亿新顾客的前景，美国公司的老总们总是对此前景垂涎欲滴。但是，当他们只关注了中国市场的规模时，他们就遗漏了非常重要的一点：光说中国有这么多的人口还是不够的，重要的是中国人和我们是存在着巨大的差异的。如果中国的动画片制作者和迪士尼的动画片制作者一样，迪士尼在中国就没有市场了。美国人制作电影大片的效率比中国人高，中国人制造丝绸衬衫的效率比美国人高，于是，这便产生了巨大的商机。

这也就是为什么即使各方都能从国际贸易中受益，但小国受益最多的原因。在普通的美国人和普通的墨西哥人之间，存在着显著的差异。贸易协议签署后，使得两国人民更容易去开发这些不同点。由于北美共同市场是由占多数的美国人控制的，这对墨西哥人来说，可是个好消息，因为在这个贸易市场中，和一般的贸易商相比，他们拥有显著的不同。

举一个例子：假设没有国际贸易，咖啡在墨西哥每公斤卖 1.5 美元，而在美国每公斤卖 3.5 美元。现在，如果我们突然开放边界，制造一个单一的北美咖啡市场，那么咖啡的价格就会定在 1.5 美元和 3.5 美元之间。从墨西哥人的观点看，价格上升了，因此，卖咖啡就有利可图。对美国公民来说，价格下降了，因此，就有机会买到便宜的咖啡。普通的美国人和普通的墨西哥人都获利了。

但是谁获利最多呢？因为是美国主导这个市场，因此新价格很可能会是接近 3.5 美元而不是接近 1.5 美元。这也就意味着墨西哥人得到了 个获利良机，而美国人只沾了很少的一点儿实惠。墨西哥人的好运体现在，与他们的北方邻居相比，他们和北美的平均水平差得太远，而差得太远的原因，就是因为他们的人口少。

18 世纪伟大的经济学家亚当·斯密强调说，贸易是通过让人们专业化来受益的。换句话说，如果我和妻子都想做 12 个糖霜纸托蛋糕，那么我们最好是一个人烤 12 个蛋糕，另一个备好 12 份糖霜。即便我们两个在烤蛋糕和做糖霜方面都很在行，这么做也是合理的。基本原理是，把一件事做两遍所需的精力，其实比做一遍所需精力的两倍要少。

但是，19世纪伟大的经济学家大卫·李嘉图却强调说，贸易的利益被贸易伙伴之间存在的差异放大了。如果我的蛋糕比我的妻子烤得好，我的妻子糖霜比我做得好，那么，我们之间的交易就会更有价值，更有利可图。[①]

李嘉图重点强调差异的观点是现在经济学教科书的标准素材。我很高兴能和我的女儿在她刚刚得到天竺鼠这件事上和她分享这个观点。她知道她之所以得到了她看中的动物，是因为别人都没有看中它；正是在这一点，她看到了与众不同是有利可图的。

相似也一样带来利益

为了让她把这一点理解得透彻一些，我问她，在和别人交换洋片时，是愿意和一个品味和她类似的小孩换，还是和一个品位和她完全不同的小孩换。这是一个我常常在大学考试时问的问题。凯莱选择了错误的答案，说要和品位和她类似的小孩换。但是，不像我的许多学生，她的错误答案却有一些很有趣的原因。

---

① 事实上，李嘉图的洞察力比我说的要深刻得多。即便我做的蛋糕和糖霜都比我妻子做得好，和她进行交换，我还是可以获益的。让她去做糖霜（我在这方面只是比她好一点点），我就有时间去做更多的蛋糕（我在这方面比她要优秀许多）。总而言之，只要人们，或者国家，拥有不同的能力，这些差异就会带来互利的贸易机会，甚至当一方在各个方面都比另一方强时，也是这样。

首先，她解释说，如果有个人对你提出的每个交易都赞同，那么，和她做生意时，就不会遇到对抗了。在洋片交易中，好像所有的乐趣都来自于鉴别和充分开发观点上的细微（罕见的）差异一样。当凯莱出乎意料地发现，她的朋友杰西卡想卖掉利萨·辛普森洋片，而自己又对这个洋片垂涎已久时，两个小姑娘都会感到一阵突如其来的兴奋。如果凯莱转而与萨曼塔交易，而大家都知道，只要是凯莱喜欢的东西，这个女孩都不喜欢，那么，也许她们之间会促成更多成功的交易，但是，就没有了那些奇妙的惊喜了。

这对我来说是一种新的见识，但是我想，这种情况除了洋片市场，就没有什么重要意义了。例如，很难想象，一个内行的购物者会选择去一个最贵的商店，只是为了得到那种偶尔发现一件便宜货的兴奋感！也很难想象他会不会去折扣店，唯一的原因就是——太容易得到的折扣就没什么意思了。

但是当继续我们的讨论时，凯莱迫使我面临两个更深层次的问题，而这两个问题，虽然不是标准教科书的材料（至少在我现在教的大学二年级水平的课程里没有），但我认为在贸易理论中是非常重要的。

首先，她争辩说（尽管这么说不太准确），拥有一个可以准确预见你的需求的交易伙伴是非常有用的。也许对萨曼塔来说，利萨·辛普森洋片没有任何用处，因此萨曼塔愿意很便宜地卖掉这些洋片。但是，如果萨曼塔的品位和凯莱相差很大，那么利萨·辛普森洋片就永远不可能对她有任何价值，因此，她就根本不会有这些洋片来进行交易了。推而广之，这也就意味着，在两种差异太大的不同文化之间，很难开展贸易，例如，美国的制造商就很难预计非洲村民的偏好。

其次，她争辩说，萨曼塔和她所有的朋友一样，首先是一个洋片的收集者，其次才是一个洋片的交易者。这很重要，因为这意味着萨曼塔可能只带着她喜欢收集的那些洋片，而不是带着她认为凯莱想买的那些洋片。但是萨曼塔喜欢收集的洋片，对凯莱来说，几乎就没有什么吸引力，因此，萨曼塔也就几乎没有什么可以向凯莱提供的。

这种分析可以说是与教科书上说的截然不同了。教科书上说，你的贸易伙伴会竭力去销售你喜欢的东西，而不是他喜欢的东西。在这种假设情况下（我认为大多数情况下是基本正确的），如果你的贸易伙伴和你的偏好相同，就没有什么好处了。但是在一些特殊情况下，如在收藏方面，这种教科书上的假设就完全不对路了，因为收藏者非常喜欢出售反映他自己偏好的商品。在这种情况下，你也许就会想找一个和你的爱好非常类似的伙伴进行交易了。

凯莱是对的，但只是在某种程度上是对的。我喜欢收集现代诗集，当然，我就愿意和另一个诗歌爱好者交换藏书，而不是和一个《克利夫名著解说系列》的收集者进行交换了。换句话说，我想要一个品位和我非常相似的人做交易伙伴。我们都拥有同样的收藏兴趣，都拥有同样的特殊爱好。我们都认为，一本初版的狄兰 · 托马斯诗集正好值三本约翰 · 贝里曼的诗集。这样一来，就几乎没有什么希望达成一项我们双方都同意的交易了。[①]因此，再次说明，至少有一点点的差异，也是有利可图的。

我女儿在洋片交换市场的经验几乎不可能对国际贸易理论的基础产生威胁，它们也无法驳倒作为一般规律的李嘉图的见解，即差异是进行成功贸易的关键。但是，凯莱的确发现了那个一般规律的一些有趣的例外。这些例外十分微妙，如果把它们充分融合并形成一个规范的经济模式，也许可以成为一个研究生非常有价值的研究课题。这些例外也非常有趣，这样一个课题也很值得做一番研究。

---

① 事实上，也未必毫无希望：如果我们每人都有一本托马斯的诗集和一本贝里曼的诗集，因为某种原因，我们都要两本完全一样的诗集，于是，交换就有所收益了：我毫不费力地得到了两本托马斯的诗集，而我的朋友也如愿得到了两本贝里曼的诗集，反之亦然。一般而言，品位完全类似的人又注重多样化，那么他们就无法从交换中获益了。

经济学家给女儿的忠告

如果你不喜欢做某件事情，却还设法在这件事上取得成功，那就没有什么价值了。你将会总是与那些热爱他们所做的事的人竞争，而且你不大可能聚集足够的精力去与他们进行成功的竞争，除非你和他们一样，也热爱自己正在做的事情。

如果你没有犯过任何错误，那就说明你没有冒足够的风险。如果你从来没有从你的自行车上摔下来过，那你就没有得到过足够的乐趣。如果你从来没有误过飞机，那么就说明你在机场待的时间太长了。

如果有人告诉你，要吃自然食品，这样会更健康，那么，对这些人就要小心了。难道他们没有听说过毒蘑菇吗？

事实上，自然食品来自于经过了自然选择的幸存物种，而在自然选择中，有毒、致命是一种优势。非自然食品就是以在市场中生存下来为目的，而在市场中，优势就是有营养。

如果有人高高在上，大谈“法律的威严”，那么，对他们就要小心了。

我们住在纽约州，这里，使用一种气泵上的小玩意儿被宣布为非法，这个小玩意儿可以让你一边给轮胎打气，一边去查看你的油箱。在过去的某个时候，纽约州的某个立法者一定是把一些同事聚拢在身边，说：“我们应该对这个小玩意儿做些什么。”其他人都做贤明状地点头。这就是法律的威严的来历。

不要错把一个苛刻的交易人当作一个优秀的交易人。如果在交易的最后阶段还在苛刻地讨价还价，你就一定会有把整个交易搞砸的风险。谁最有可能去冒这个风险呢？就是那些在交易的早期让步太多的人。在交易的最后阶段最苛刻的交易人，往往是那些在交易的最初阶段最差的交易人。

主宰自己的生活。依赖专业人士，是依赖他们的专门知识，而不是他们那些关于你该重视什么的观点。

任何一个医生有资格对你的健康问题提医疗意见。从自己身体健康的方方面面考虑，只有你自己知道自己愿意接受什么样的风险，做出什么样的牺牲。医生可以帮助你了解各种治疗方法的代价和好处，但是只有你自己才能在这些代价和好处之间做出权衡。让医生给你选择药物，就好像让侍者给你选择晚餐的主菜一样。

在投资策略以及生活的方方面面，你都要尽力多样化。在多样化的程度方面，许多人做的比他们自我想象的要少得多。他们购买那些在自己家乡很有影响力的公司的股票。这种方法几乎总是一种错误的方法：如果这家公司时运不济，你的股票和你的房地产都会遭受损失。凯莱，如果你处于要以每升 1.5 美元的价格卖水的环境下，我希望你就卖每升 1.5 美元，少一分都不卖。这并不是因为我希望你去挣一大笔钱，相反，我感觉你在某些更稳定的工作上会做得更好。我之所以这样做，是因为你有一种社会责任，就是去把那些水带给那些最需要的人。如果你的售价低于市场可以承受的价格，那么，就会有一些并不是非常需要这些水的人来买水了。当我还是个孩子的时候，我曾经看到一帮孩子在试图爬一个电线杆。他们没有爬多高，而且很显然，他们也不打算爬很高，但是就在尝试爬高的时候，他们得到了许多乐趣。

几分钟后，一个住在不远处的女人从她家出来，把这些孩子赶走了。

那天晚上，我正在和我的表哥聊天，他那时应该已经有 16 岁了。我问他，为什么那个女人要把那些孩子赶走。我想可能那里有一些我不知道的危险。

而表哥给我的答案是我童年中最生动的记忆之一。他耸耸肩膀说："有些人就是受不了看到别人高兴。"

我想，那句话对解释为什么我们的政府机构如此庞大，为什么我们的赋税这么高，为什么我们的生活受到这么多的管制等问题大有帮助。某些人就是受不了看到别人过得好。永远不要低估了这种力量的威力。

去上网冲浪。我宁可你从网络上得到各种资料，也不想让你去父母的卧室里翻箱倒柜地找这些东西。

事实上，网络使你能够很容易地找到一些别人不希望你找到的东西。家里人都很重视社会活动家赖斯夫人的控诉，她说："任何一个孩子，只要有一台电脑，他就可以在几秒钟内获得各种资料。而且一旦他们看了这些资料，就会在他们的脑海中留下永远无法抹去的印记。"没错，就是这样。如果某些人企图抹去他人的思想，互联网就是他们的天敌。

我们实话实说吧，获得资料并不是使用互联网的一种代价，而是使用互联网的一种好处。运用互联网的目的，完全就是为了挫败那些企图阻碍信息自由交流的人。

当你还在学校的时候，不要去做暑期工，除非你已经用光了所有向人借钱的机会。在你还年轻，还没有经验的时候去工作简直就是疯狂；几年后，同样的努力将会更有价值。把你的学生时代花在学习上，如果你在16岁，而不是26岁的时候学到了一些东西，你就会早10年掌握这些东西。

在你选择大学时，你可以先做一个实验：假设你走进一个客厅，一小圈人正在热烈、兴奋地交谈，而其他几个人则安静地坐在一边。如果你想知道他们在谈什么，你会去问谁呢？如果你认为参与交谈的人的答案会比旁观者的答案更准确、更让人心动，那么，你就应该去一所大学，那里拥有活跃的研究者，并且由他们给你授课。

判断某人的评判是不是有道理，你可以从它的对立面看起。如果有人对你说，卖方追求高价是不道德的，那么，你就问他，买方追求低价是否也是不道德的。最高的奖励不是授予那些完成了必要工作的人，而是授予那些了解什么样的工作是必要的工作，然后再去实施的人。

永远不要停止对生活的可能性的探索，即便最终你又回到了起点。就好比在棒球场上，回到本垒后，也是一种很美好的感觉。

不要犯这样的错误：要嫁一个天下最好的丈夫，也不要妄想买到天下最好的车。这往往会使你付出更大的代价。

你的理想伴侣也可能是其他许多人的理想伴侣。这就意味着你必须做出某些让步来赢得他并留住他，这些让步包括许多方面，从要几个孩子到晚上谁来做晚饭等等。一个理想的丈夫往往是一个代价高昂的奢侈品。大多数这种代价高昂的奢侈品结果都被证明是个错误。

订立一份有你自己特色的结婚契约（婚前预定财产权、继承权等，当然是和你的未婚夫一起来订）。但是大多数人没有这么做，这总是让前诺贝尔奖获得者、经济学家乔治·斯蒂格勒感到非常沮丧。他认为，庄严的婚姻制度常常被某些人破坏，就是因为这些人不愿意费心去商量婚姻的细节问题。

如果没有婚前契约，你就会受到婚姻法和共有财产法的控制，这些法律都是些令人厌恶的东西，都是对人类尊严的侮辱。这些法律使你的配偶有权对你的存款抽取50%的税。但是这些法律却不允许对其他行为，如挣钱、花钱或享受闲暇等进行征税。如果你在游泳池边闲躺了一个小时，法律会说，没问题，你没有疏忽任何应尽的义务。但是如果你同样花了一个小时去挣钱，去增加你的存款，那么突然之间，你就会有了一项义务：你必须与你的配偶分享这些存款。这是一种不对称的行为，而且绝对是错误的。

如果你有一个机会挣10美元，那么这个机会就有可能产生一种道德义务，即让你给你的配偶支付一些东西。如果存在这种道德义务，那么，你如何才能免除这种义务呢？如果这种义务就不存在，那么婚姻财产权就是一种盗窃行为。

婚姻财产权可恶的原因，和累进所得税可恶的原因完全一样。首先，婚姻财产权认为，你的道德义务会因你所做的选择而改变，即便这些选择和道德无关。其次，婚姻财产权认为，你的道德义务是无限的；你永远不会有一个体面地完成了你的义务，而且被免除了进一步的义务的时候。婚姻财产权是没有上限的。

如果你对哲学上微妙的差别没有什么印象，那就这么想：表示自己有权利获得别人收入的人，通常是不那么讨人喜欢的。对你的收入提出要求的人，当个客人都不会受到欢迎，更别说终生伴侣了。

当你结婚后，分担家务时，记住这个原则：如果你和你的丈夫拥有同样的技艺，那么分担家务活就没有任何好处。你只是在把家务活从一个人分配给另一个人，两人做得都一样好。如果你想更有效率一些，做得更好一些，那么你最好指定一人干家务，另一人搞市场。

但是如果你和你的丈夫拥有的技艺完全不同，那么，分担家务活就比较合理了，这样一来，你俩所有的技艺都可以得以运用。

女权主义者和大男子主义者的观点都有一些不足。女权主义者认为，因为男人和女人没什么差别，因此，他们应当分担家务。这种说法不对，因为如果男人和女人没有差别，那么双方就应该各选一个专业，并坚持干下去。大男子主义者认为，因为男人和女人有很大的差别，因此，女人应该专门干家务。这种说法也不对，因为男人和女人的差异越大，就越应该分摊劳动。

当然，你也许会因为其他原因而希望分担劳动，比如希望相互之间有一种归属感，或者因为某个人只能干一定数量的家务活，然后就必须去干别的事情，或者说，某个人只能干一定数量的家务活，再多干就要发疯了。要思考一些哲学问题，这很重要。要遵循逻辑的指引，不论它会把你带到哪里。要认真对待寓言故事，因为它们去掉了一些无关的细节，揭示了许多伟大的真理。要运用计算，如果你的想法不能非常明了地转化为一些数学模型，那就说明其中必定有错误。

要永远记住，在许多重要的事情上，有许多人比你懂得的要多得多。要仔细倾听他们所说的一切。

对一个好的主张，要立刻遵从。但永远不要仅仅因为是权威就去遵从某个人或某个事物。如果你有一些真正优秀的老师，他们会鼓励你这么做的。

我希望某一天，你会读到这本书。如果你还能出书来驳斥我的观点，我会是第一个去买你的书的人，而且还要你的签名。

FAIR PLAY

致　谢

本书中的思想是经过反复的锤炼、推敲和润饰了的，而这些工作都是由我的同事们来完成的。我们组成了一个“午餐小组”，每天中午，我们一边吃着三明治，喝着咖啡，一边努力地工作，去分析人性的种种侧面。几乎每次讨论都会碰撞出思想的火花，也常会出现一种心灵的顿悟，有时，灵感也会喷涌而出。

我们的抱负是去理解这个世界，不但要了解它现在是什么样的，还要了解它应该是什么样的。每天，我们中一个或几个成员都会提出一个观点供大家思考。每个观点都会遭到大家猛烈而准确的批评，目的就是为了判定这种观点是必须被推翻，还是应该被继续精炼、加强。

本书中的每个观点都受到了“餐桌会议”的严峻考验，而且在我这种喜好怀疑的观念中，也都存活下来了。另有十多倍于此的观点，都没有经受住这种考验，被推翻了。让我来解释一下这个过程为什么非常重要。

经济学家们相信并接受的许多事情，对于许多有头脑的普通人来说，似乎都显而易见是错误的（更让人不安的是，经济学家认为是错误的东西，对于这些人来说，又显而易见是正确的）。因此，最重要的是要强调我们以往并没有玩什么把戏蒙骗大家。经济学是一门严肃的学科，有着非常合理的、精确的逻辑准则和论据。在许多早先的文章中，我都在努力解释这些准则是什么，举例说明我们是如何运用这些准则得出一些结论的，而这些结论有时会非常令人吃惊。

在我的一本书《反常识经济学4：性越多越安全》以及一些杂志的专栏文章中，我曾经主张：善男信女们绝不会给第二个慈善团体捐款；除非在非常特殊的情况下，影院的垄断经营者不会抬高爆米花的价格。这些结论看上去都令人难以置信，但是它们却都能满足经济学推理的严格测试，每个结论都可以纳入纯数学模型。因此，可以证明这些结论都是合情合理地来自某些假说，而这些假说则都表述得非常清楚。除非可以经得起这种经济学推理的考验，否则，任何经济学论述都无法成立。

本书中包含了许多经济学论述，而且根据我已经论证过的一些标准，这些论述都值得你去认真对待。这一点毫无疑问，因为我亲自做过有关的数学演绎，而且无论什么时候，在写关于经济学问题的文章时，我都会进行一番数学演绎。因此，我确信本书中有关纯经济学的部分，都是正确无误的，甚至那些与我曾经猜测的完全相反的地方，在经过我的计算后，结果都证明是正确的。

但是，本书中也包含许多并非严格意义上的经济学话题，但它们是更重要、更根本的东西，如公平、公正、宽容和责任等。这些话题并不完全受数学证明的影响。因此，我对于其正确性的信念（我自己有许多个人的信念）必须基于某种其他的、更有影响力的准则。如果没有这种基础性的准则，我那些关于公平和公正的思想就会显得不太合适了，就好比我在向一个普通观众展示一系列我认为最好的影片一样。

我所依靠的准则就是我提到过的“餐桌会议”，在这里，任何成功的概念（无论从逻辑上还是从思想上）都必须与已经确立的准则相容，并做到内部协调一致，并且要在多种假设的情景中都是适用的；而且，任何可能出现的、无法满足那些准则的情况都会被忠实地摆上桌面加以研究。这些准则没有纯数学问题那么精确，因此，我对于这些关于公平的结论，并不像对于那些经济学结论那样有十足的把握。但是只要我还有一个清醒的头脑，这些就是我所能得到的最好准则。

本书中的概念并不都是我发明的。然而，即便都是我发明的，我也不会把它们都写进书里，因为它们事先没有接受一种高水平的“审查”，而根据我的经验，目前也只有我的“午餐小组”可以提供这样水平的“审查”。在“午餐小组”中，对我帮助非常大的人有：约翰·博伊德、詹姆斯·卡恩和艾伦·斯托克曼。无论在午餐的餐桌上，还是在午餐后，他们都给我提出了大量的意见，我对他们深表感谢。对劳伦斯·费恩斯通给我提出的非常宝贵的意见，我也深表谢意，虽然现在他已经不跟我们一起用午餐了，但是我们的心彼此相通。

对于这个“午餐小组”来说，最了不起的事情之一，就是从来没有出现过一个权威性的人物，大家都具备深邃的思维，而且那种知识分子的激情都是一样的高昂。任何结论的产生，都是与所有成员的杰出贡献密不可分的。但是本书中有那么几个特别的问题，是要特别归功于马克·比尔斯的。他为我们这个小组带来了许多东西，例如，他以无可辩驳的理由说服了小组成员确信公平是最基础的、最重要的，并坚决主张探索性研究可以揭示一些关于我们应该如何行为的重要真相；他让我们认识了一种以前我们都没有注意到的、令人惊叹的、非常切题而且富有成效的类比，从此以后我们就再也不会忽视这种类比了；他让我们具有了某种讽喻的本能，而这种讽喻要求你对每一件你认为你知道的事情进行重新思考。马克坚持认为，“公平”不能在游戏场上是一种意思，在生意场上又是另外一种意思，因此，马克的思想可以说是这本书直接的灵感源泉。

本书的某些部分是从我在《福布斯》杂志和《石板》（*Slate*）杂志上发表的专栏文章扩展而来的。那些在《石板》杂志上发表的文章得到了杂志方面合理而精细的编辑，为此，我谨向迈克尔·金斯利和杰克·谢弗致谢。同时，我对负责本书的自由出版社的编辑布鲁斯·尼科尔斯，致以深深的谢意，感谢他的耐心、鼓励和良好的判断力。

最后的谢意要送给纽约皮茨福德的巴诺书店的员工们，我每天都要在那里用我的笔记本电脑工作好几个小时。他们让我有一种回到家的感觉，我希望我能以帮助他们多卖些书来回报他们。